大夏书系·阅读教育

整本书阅读的六项核心技术

邓 彤 著

华东师范大学出版社

图书在版编目（CIP）数据

整本书阅读的六项核心技术 / 邓彤著. —上海：华东师范大学出版社，2019
ISBN 978-7-5675-9358-9

Ⅰ.①整… Ⅱ.①邓… Ⅲ.①阅读课—教学研究—初中 Ⅳ.① G633.332

中国版本图书馆 CIP 数据核字（2019）第 129473 号

大夏书系·阅读教育
整本书阅读的六项核心技术

著　　者　邓　彤
策划编辑　项恩炜
审读编辑　万丽丽
封面设计　淡晓库

出版发行　华东师范大学出版社
社　　址　上海市中山北路 3663 号　邮编　200062
网　　址　www.ecnupress.com.cn
电　　话　021-60821666　行政传真　021-62572105
客服电话　021-62865537
邮购电话　021-62869887　地址　上海市中山北路 3663 号华东师范大学校内先锋路口
网　　店　http://hdsdcbs.tmall.com

印 刷 者　北京季蜂印刷有限公司
开　　本　700×1000　16 开
插　　页　1
印　　张　13.5
字　　数　195 千字
版　　次　2019 年 8 月第一版
印　　次　2023 年 12 月第九次
印　　数　24 101-27 100
书　　号　ISBN 978-7-5675-9358-9
定　　价　42.00 元

出版人　王　焰

（如发现本版图书有印订质量问题，请寄回本社市场部调换或电话 021-62865537 联系）

目 录

序 ／ 顾之川 … 1
导　言 … 3

核心技术 一

构建阅读战略

一、整本书阅读：何以必要？ … 3
　◎ 生活实际需要 … 4
　◎ 精神成长需要 … 6
二、整本书阅读：读些什么？ … 8
　◎ 整本书阅读标准 … 8
　◎ 整本书阅读成效 … 9
三、整本书阅读：如何开展？ … 12
　◎ 通读与重读 … 12
　◎ 生活化阅读 … 14
　◎ 专业化阅读 … 16

核心技术二

分析阅读需求

一、基于需求指导整本书阅读	21
◎ 基于学情设计课程	21
◎ 激发学生阅读需求	22
◎ 依托学生阅读经验	23
二、整本书阅读需求调查	24
◎ 调查方法	24
◎ 样本选择	25
◎ 问卷分析	25
◎ 结论和建议	30
◎ 问卷调查统计数据	32
三、整本书阅读个案	35
◎ 案主简介	35
◎ 阅读书目	35
◎ 阅读成效	37
四、整本书导读课例	39
◎ 高级版导读实录	39
◎ 初级版导读实录	47
◎ 课例比较分析	54

核心技术三

提供策略支援

一、细读策略　　　　　　　　　　　　59
◎《红楼梦》片段细读示例　　　　　　61
◎《西游记》片段细读示例　　　　　　62
二、文体策略　　　　　　　　　　　　72
◎《红楼梦》之叙事艺术　　　　　　　72
◎《呐喊》《彷徨》之叙述视点　　　　81
◎《契诃夫小说选》之人物对话　　　　87
三、专题导读策略　　　　　　　　　　92
◎作品结构专题　　　　　　　　　　　92
◎语言赏析专题　　　　　　　　　　　97
◎作品特色专题　　　　　　　　　　　104

核心技术四

筹划阅读路径

一、据点式阅读路径	113
◎ 建立据点	113
◎ 前期准备	115
◎ 实施导读	117
二、网络式阅读路径	120
◎ 阅读成效	120
◎ 量化管理	120
◎ 教学策略	121

核心技术五

设计阅读活动

一、互助阅读活动	127
◎ 小先生导读制	128
◎ 全员共读制	135
二、创意阅读活动	138
◎ 主题阐发	138
◎ 创意表达	142
三、读写结合活动	148
◎ 评点批注	149
◎ 读书笔记	150
◎ 随笔写作	151

核心技术六

深度比较导读

一、文本内部比较	165
◎ 文本内部比较示例	165
◎《变形记》导读	171
◎《变形记》教学实录	173
二、跨文本比较	179
◎ 跨文本比较示例	179
◎《老人与海》导读	182
◎《老人与海》教学实录	182
参考文献	197
后　记	201

序

顾之川

教育部颁布的《普通高中语文课程标准（2017年版）》有两大亮点：一是提出语文核心素养概念，把"语言建构与运用""思维发展与提升""审美鉴赏与创造""文化传承与理解"作为语文学科核心素养；二是提出18个"学习任务群"作为教学内容，其中第一个任务群就是"整本书阅读与研讨"。

新课标对"整本书阅读与研讨"提出了具体要求：一是拓展阅读视野，积累阅读经验；二是掌握读书方法，提升阅读能力，养成阅读习惯；三是深化对中华优秀传统文化、革命文化和社会主义先进文化的认识和理解，完善人格培养。新课标把整本书阅读作为教学内容，有利于引导学生阅读高品位著作，养成良好的阅读习惯，开阔阅读视野，丰富精神世界，提高语文素养，提高文化品位，体现了对我国语文教学优良传统的继承和发展。新课标的这一变化，符合语文学科的特点和学生学习语文的规律，突出语文学科核心素养，注重语文实践，有利于学生以任务为导向，以学习项目为载体，整合学习情境、学习内容、学习方法和学习资源，在运用语言的过程中提升语文素养。

为贯彻落实新课标精神，新的高中语文统编教材已将《红楼梦》作为"整本书阅读"单元编入必修下册。整本书阅读成为语文教学的重要内容，对于一线教师来说，既是挑战，又是机遇。教师要学习领会新课标对整本书阅读与研讨的精神，把握理念，明确要求；要了解教材对"整本书阅读与研讨""名著导读"的编写意图；要立足本校教学实际与学生实际，确定适合自己的教学策略。

整本书阅读不同于精读或略读，也不同于篇章阅读，它是一种深度阅读，要求以创新方式向学生传递丰富的核心学习内容，引导他们有效学习并能将其所学付诸应用，帮助学生养成良好的读书习惯。

阅读名著是一个有教养者的必修课，但读懂名著不容易。一部名著就是一座宝库，包罗万象，丰富复杂。初学者阅读名著，最好能有"过来人"加以指导，告诉他们在这本书中哪些是最主要的，是非读不可的；哪些是供深层次读者阅读的，一般读者可以忽略不读的。《红楼梦》是我国古代小说艺术的一座高峰，也是一部中国古代社会文化的文学性百科全书，具有极大的审美价值和认识意义。但对中学生来说，怎么阅读这部名著，尚缺乏切实有效的指导。

邓彤老师早在20多年前，就曾多次为学生开设"《红楼梦》导读"选修课，尝试在阅读方法、欣赏人物、把握情节结构等方面为中学生作具体指导，使学生深入了解、体味书中重要内容，受到学生普遍欢迎。2004年，邓老师在他讲稿的基础上出版了《〈红楼梦〉导读》一书，曾邀我作序；如今华东师范大学出版社审时度势，邀邓彤老师对此书加以修订，充实内容，修改完善，最终奉上这本《整本书阅读的六项核心技术》。我相信，本书对广大语文教师的教学是大有益处的。

2019年6月25日

写于京东大运河畔之两不厌居

（顾之川，中国教育学会中学语文教学专业委员会理事长，人民教育出版社编审，浙江师范大学教授）

导　言

我曾在十年之内与四届学生共同阅读《红楼梦》。每教一届学生，我都要用整整一年时间，与学生一同读"红楼"，品"红楼"，评"红楼"，当我们最终读完这部巨著，无论教师还是学生，顿时都有了一种脱胎换骨的感觉。

整本书阅读，必将为学生与教师的成长奠定极为厚实的基础。

整本书阅读，是语文教育的应有之义，是每一位受教育者必须经历的一段精神成长之旅，也是每一位语文教师必须面对的客观存在。

关于整本书阅读，前人之述备矣！当下有识之士对此也颇多论述。本书仅从操作层面，梳理提炼有关整本书阅读的策略与方法，卑之无甚高论，旨在抛砖引玉。希望此书能有助于同行约略窥见整本书阅读的路径与策略，为当下正如火如荼开展的"整本书阅读"教学作出自己菲薄的贡献。

核心技术一

构建阅读战略

一、整本书阅读：何以必要？

教育部2017年颁布的《义务教育教师培训课程指导标准（语文学科教学）》在整本书阅读方面构建了阅读战略，从设计整本书阅读课程、推进整本书阅读活动、开展整本书阅读交流等方面均作了相当高位的筹划。主要内容如下。

（1）考虑到不同年级学生的发展特点，了解学生的兴趣爱好，在此基础上为学生量身定制合适的阅读书目，向学生推荐优秀的书籍，指导学生阅读适合自己的上乘作品。

（2）根据学生的实际，考虑作品的特点，为学生确定共同阅读的书籍。通过集体共读，采取分布式教学指导方式，使得整本书阅读成为班级这个特殊团体共同的学习活动，创设浓厚的读书交流的氛围，使得学生之间相互成为整本书阅读的重要资源。

（3）立足学生发展需要，站在学生立场上，为学生设计合适的整本书学习任务，通过教师的导读、学生自读、学生互读等阅读活动指导学生完成阅读任务。

（4）在指导整本书阅读过程中，还需要开展多种形式的教学，例如朗读、表演、论辩、读书会等，组织学生交流、分享自己的阅读经验。

构建阅读战略何以如此重要？因为我们对教学的思考往往缺少类似的战略思维。我们往往以为教学不过是形而下的若干操作规则，因此，总不免痴迷于一些雕虫小技，停滞在"术"的层级上，始终无法超越。

我们在教学中习惯于运用"垂直型"思维方式。这类思维的基本特点就是：从一个起点出发，不断深入下去。垂直思考固然是一种重要的思考方式，但是，垂直思考者也有一大弱点：只管过程，不问起点，埋头拉车，不看道路。可怕的是，如果我们思考的起点本身就有问题，本身就经不起推敲，那么我们据此所作的一切思考都将毫无意义。如果一个思考者所选择的那个出发点本身就有问题而他居然还不断地"垂直"下去，他就与寓言中那个"南辕北辙"的先生没有区别了——他"垂直"得越厉害，他离真理就越远。

战略思维则可以摒弃这一弊端。

战略思维具有哲学特质，它有一个鲜明的特色——对一切事物的前提进行批判，黑格尔把这种批判形象地比喻为"清理地基"。在哲学视角下，一切前提都不是必然的，都应该进行追问与批判：为什么选择这个点作为思考的起点？这个点适合作为起点吗？是否还有更恰当的点？

哲学思维首先是一种水平的横向思维：在思维开始之前，不会草率深入，而是先对若干起点作一番比较鉴别，通过一系列的横向比较、分析、判断，最后才确定研究起点。这是一种决策，是一种战略上的审慎与智慧。

基于这种考虑，本书第一章，我们将对整本书阅读作一番战略层级的思考。

近年来，学界对整本书阅读的价值、意义以及策略等层面的思考已经较为深入，但是这些思考多半是研究者运用思辨演绎方式所获得的结论。本书则希望以叙述若干具体鲜活的整本书阅读案例为我们思考的起点，在此基础上，我们不妨对整本书阅读作一番战略思考。

因为个案往往蕴含本质，滴水亦可折射太阳之光辉。

为什么需要阅读整本书？

生活实际需要 ▶▶▶

经验告诉我们，生活中固然常常阅读单篇文章，但也离不开整本书阅读。

日常休闲，人们免不了要阅读小说、传记、连载故事，这些多半是一些大部头长篇读物。为了工作，人们更需要经常阅读整本书。语文教育，自然要满足生活与工作需要，将整本书阅读作为一项重要任务。

阅读一整本书，特别是又长又难读的一本书，通常要比阅读一篇文章要困难得多，阅读过程中读者付出的智力、精力以及时间也都要多得多。当然，读者的收获通常也会大得多。整本书阅读，更有利于培养我们思维的整体性、系统性，我们可以获得较为全面深入的知识内容，可以获得较为丰富的体验或认知，可以养成比较全面的阅读能力……

为什么需要阅读整本书？对于这一问题，我有如下思考与回答。

1. 整本书阅读是语文学习的根基

1941年，教育家叶圣陶先生在《论中学国文课程标准的修订》一文中明确提出要"把整本书作主体，把单篇短章作辅佐"。他认为，如果以整本书作教材，那么，在中学阶段虽然只能读有限的几本书，但是那几本书是真正专心去读的，这就养成了读书的能力和习惯；读整本书还可以进行各种文体知识的研讨及文体阅读的训练；读整本书，学生更加专一，阅读效果更好。

20世纪80年代前后，上海著名的段力佩校长在育才中学进行了极为大胆的教学改革。他把《西游记》《红楼梦》《三国演义》《儒林外史》等经典名著作为初中阶段的语文教材，至于语文课本，学生只用一学期的三分之一略多一些的时间完成，其余时间全部用来阅读整本《西游记》《红楼梦》等，如初三年级上学期的语文教材就是一部《红楼梦》。事实证明，这些学生的语文水平得到相当大的提升。可见，整本书阅读确实是提升语文教育教学水平的利器。

整本书阅读是语文课程改革的风向标。最新《普通高中语文课程标准（2017年版）》将"整本书阅读与研讨"作为高中语文十八个学习任务群之一，纳入语文课程体系。义务教育语文课程标准也对"整本书阅读"作了有关要求。这意味着"整本书阅读"不再是教师个人行为，而是所有中学语文教师都必须面对的、绕不过去的一个重要存在。

2. 整本书阅读是中国古人的常态阅读

我国古代读书人的阅读基本上都是整本书阅读。

我国古代，儿童入学发蒙之书是《三字经》《百家姓》《千字文》《增广贤文》《纲鉴易知录》，由小册子到大部头，越来越具有书的味道。等到进一步拓展开后，学生所阅读的《大学》《中庸》《论语》《孟子》等四书五经无一不是整本书;《庄子》《管子》《韩非子》《吕氏春秋》等诸子著作也是如此;《史记》《汉书》《资治通鉴》这些皇皇历史巨著当然是学子必读之书;《花间集》《漱玉集》《白氏长庆集》《西厢记》《牡丹亭》《三国演义》《红楼梦》也无一不是整本书。可以说,中国古代学子的主要读物多是整本书而非单篇文章。

3. 当代社会需要整本书阅读

我们生活在这样一个时代:面对各类文摘、碎片化信息、关键词组合,我们的心灵几乎成为没有"景深"的画面,我们几乎变成只有长度与宽度而没有深度的"平面人"。在这样一个"快餐化"时代,我们养成了一个习惯:段落超过20行,我们就迫不及待要跳过;文档超过10页,我们就没有耐心看下去。我们每天浮光掠影地阅读极多信息,可是,除了增加一些谈资外,还有什么东西能够在我们心中留下深刻的印象呢?

于是,我们尤应呼唤"整本书阅读"。

我们并不排斥快餐式阅读。但我们深信,精神的发育不能只依靠碎片化、浏览式的浅阅读。我们需要有深度、厚度与高度的阅读,零敲碎打注定难以收获思想的甘霖,只有通过整本书阅读才可能约略窥见精神思想之堂奥。愿意并且能够阅读整本书,是一个读书人必要的姿态与能力。

如此种种,不一而足。

精神成长需要 ▶▶▶

语文教师开展"整本书阅读"活动,固然与最新《普通高中语文课程标准(2017年版)》的相关规定有关,但最根本的原因是:整本书阅读,能够培育每一个读者精神世界的"景深"。

整本书阅读最重要的价值可能正如作家毕飞宇所说的那样:

整本书阅读丰富着我们,也界定了我们。整本书阅读对人的影响不是细节性的,简单地说,阅读整本书(尤其阅读整本经典著作)就相当于软件升级。每一个年龄段都可以升级,你不想死机,那就得读。必须承认,这个世界上有一些书是很难读的，要啃。每个人都有他的局限，知识的局限、智力的局限、思维模式的局限。对我这样一个中文系毕业的人来说，《时间简史》虽然是一本科普书，但它依然是一本天书，康德也是一样。你说我读霍金或康德能获得什么呢？就知识这个层面来说，几乎没有收获。但是，这样的阅读有价值，它反过来可以帮助我了解自己的思维模式，哦，我的这个思维是原来文学的思维，是小说的思维，不是哲学的。用拉康的说法，康德就是我的镜子，虽然我不知道镜子的光学原理，但是，我看到了我自己，认识了我自己，这个作用还是蛮大的。认识自己从来都不容易，阅读的价值就在这里，它不只是丰富我们，也在界定我们。

告诉你一个小秘密，如果你遇上一个陌生人，他想和你搭讪，你只要请他报出5本书的书名，你大致上就可以知道这家伙是个什么人了。

一个人精神的发育需要阅读整本书。一个人的精神发育史就是他的经典阅读史。他阅读的范围有多辽阔，他思想的领域就有多辽阔。如果我们希望自己的精神健康而丰富，那么我们必须阅读；如果我们希望自己的精神美好而高尚，那么我们必须阅读全本经典。人类思想的精髓，存在于经典之中。

丰富的心灵、博大的胸襟、高远的志向，是每一个时代对人才的基本需求，而这些基本素养，通常都蕴含在每一个民族、每一个时代的经典著作当中。当然，经典通常不是浅阅读能够得其真味的，这时，我们就需要"硬着头皮啃"的深阅读，当然，这样的深度阅读并不排斥"浏览式"的浅阅读，而是与之作无缝对接，互补共生。

自古以来，凡有成就者都曾经浸淫于经典的无限魅力之中。

法国存在主义哲学大师萨特在其《萨特自述》中曾经如此感慨："我既没有在地上和过泥巴，也没有上树去掏过鸟窝，我从没有采集过花草，也没有拿石头朝小鸟扔去。书本就是我的鸟和我的鸟窝，是我的宠物，是我的马儿，是我的同伴；这图书室就是一个镜子般的世界，从中我可以看到一切；它有这一世界的无穷奥秘、变化和不可预见性。"

二、整本书阅读：读些什么？

培根曾经论述过不同的书籍对读者的不同影响：读史使人明智，读诗使人聪慧，学习数学使人精密，物理学使人深刻，伦理学使人高尚，逻辑修辞使人善辩。

整本书阅读标准

就一般意义而言，整本书阅读应该是阅读各个领域、各个学科中的整本书。整本书阅读究竟应该读哪些书呢？有以下几个选择标准。

（1）此书应当具有重要价值，属于应当最早成为学生"压舱石"性质的书籍，经典之作是首选。

（2）此书应该符合学生年龄特征、知识能力以及兴趣爱好。

（3）从语文教学角度看，整本书阅读的对象首先应该以文学作品（小说、诗歌、散文）、人物传记、历史著作为主。学有余力，可以进一步阅读一些不太艰深的学术著作，例如《美的历程》《万历十五年》等著作。

整本书阅读没有统一要求，一般而言，开卷有益。理论上，整本书阅读应该是多多益善。因为即便是一些三流著作，也有翻阅的价值。即便最没有价值的书籍，偶尔翻阅，至少也能让自己体会到烂书究竟是怎么一回事。

但是，对于中学生而言，整本书阅读还是应该读一些相对重要的书籍。选择什么书籍阅读，不必作硬性规定，但大体上要遵循如下原则：其一，本人喜欢；其二，学习需要；其三，书籍水准不差。

整本书阅读成效

整本书阅读能够有效促进人的发展。许多人的成长都离不开整本书阅读的影响。

晚清有位著名学者李详（1858—1931），幼年家境贫寒，勤奋好学却没钱读书，家中唯一的藏书就是一部《文选》。于是李详天天苦读《文选》，直至烂熟于心。这部书，为李详后来的治学打下了坚实的基础。他后来回忆说，由于谙熟《文选》，书中许多内容都成为他日后治学的"索引"，使自己能够将以后所读的许多书籍——融会贯通。

《红楼梦》是一部奇书，历来有无数读者与它结下了不解之缘。蔡元培、胡适、鲁迅、毛泽东、俞平伯、张恨水、茅盾、张爱玲、王蒙、三毛……，这些在中国历史上已然留下印记的人物，无不酷爱《红楼梦》。蔡元培、胡适、鲁迅、毛泽东、俞平伯等对于《红楼梦》的热爱，人尽皆知。

文学大师茅盾对于《红楼梦》，居然达到能够全书成诵的程度——无论你从《红楼梦》中念出任何一句话，他都能接着滔滔不绝地背诵下去。现代言情小说大师张恨水深受《红楼梦》的影响，他的代表作《金粉世家》多处有着《红楼梦》浸润的痕迹。张爱玲以十年工夫精研《红楼梦》，以至"不同的本子不用留神看，稍微眼生点的字自会蹦出来"。她曾写诗自嘲（也许还有一些自诩）——"十年一觉迷考据，赢得红楼梦魇名。"王蒙先生自1980年以来便以其丰富的创作经验和人生体验推出了《红楼启示录》《双飞翼》《王蒙评点红楼梦》等著作，深受读者喜爱、学界好评。

这些著名人物能够取得后来的成就，原因固然很多，但与他们如此酷爱阅读《红楼梦》应当不无关系吧。

再看一个例子。著名数学家苏步青先生在中学读书时就曾经认真阅读过《左传》与《资治通鉴》两部历史名著。

我出生在穷乡僻壤，浙江平阳的山区。家前屋后都是山。我父亲是种田的，很穷，没念过书。但他常在富裕人家门口听人读书，识了一些字，还能记账。父亲很知道读书识字的婢处，他对我们教育很严。每天晚上，父亲从田里劳动回来，吃过饭，就要查我们的功课。有一次，哥哥念不出，被父亲狠狠打了一顿，我见了很是害怕。我9岁那年，有一次，一个"足"字我不会解释。母亲生怕父亲回来打我，就站在村口找人问字，可是站到天黑，问了许多人，还是没人能解释这个字。幸而这天晚上我没挨打，也没挨骂。我们村里没有学校，十来个孩子请了个没考上秀才的先生教书。他教我们读《论语》，读《左传》。

12岁那年，父亲送我到一百多里外平阳县城里的高等小学念书。我初到城里，对许多东西都很好奇，学习不用功，贪玩。到了学期结束，我考了个倒数第一名——我们那里叫"背榜"。记得那年，我曾作了首好诗，可老师不相信，说我是抄来的。后来老师查实了，知道确是我作的，就对我说："我冤枉你了。你很聪明，但不用功。你要知道你读书可不容易，你父亲是从一百多里路外挑了米将你送到这里来读书的……"这话对我刺激很深，从此我就发奋学习了。到了二年级，我从"背榜"跳到第一名。这以后，我不但学习勤勉，而且养成良好习惯，不论在少年时代还是在日本留学期间。我总是每晚11时睡觉，早上5时起床，虽严寒季节亦如此。

1915年，我进了当时温州唯一的一所中学。那时，我立志要学文学、历史。一年级时，我用《左传》笔法写了一篇作文。老师把它列为全班第一，但又不完全相信是我写的。问我："这是你自己写的吗？"我说："是的。我会背《左传》。"老师挑了一篇让我背，我很快背出来了。老师不得不叹服，并说："你这篇文章也完全是《左传》笔法！"

《史记》中不少文章我也会背，《项羽本纪》那样的长文，我也背得烂熟。我还喜欢读《昭明文选》。"暮春三月，江南草长，杂树生花，群莺乱飞。"（丘迟《与陈伯之书》）我欣赏极了。

还有《资治通鉴》，共有200多卷，我打算在中学四年里全部读完；第一年末，我已念完20来卷。这时，学校来了一位因病休学从日本回来的杨老师。他对我说："学这些古老的东西没啥用，还是学数学好。"他将从日本带回来的数学教材翻译出来，让我学。第二年，学校又来了一位日本东京高中毕业的教师，他教我们几何，我很感兴趣，在全班学得最好。从此，我就放弃了学文学和历史的志愿而致力于攻读数学。但我还是喜欢写文章，四年级的时候，校长贪污，学生闹风潮，我带头写了反对校长的文章。

我后来成了数学专家，但仍然爱好语文。我经常吟诵唐宋诗词。现在，每晚睡觉前，我总要花二三十分钟时间念念诗词。真是乐在其中也。一个人一天到晚捧着数学书或其他专业书，脑子太紧张了，思想要僵化的。适当的调节很重要，可以帮助你更好地学习专业。

我写的诗也不少，但不是为了发表，大多是自娱之作。我曾写过一篇《夜读〈聊斋〉偶成》："幼爱聊斋听说书，长经世故渐生疏。老来尝尽风霜味，始信人间有鬼狐。"

我从小打好了语文基础，这对我学习其他学科提供了很大的方便。我还觉得学好语文对训练一个人的思维很有帮助，可以使思想更有条理。这些对于我后来学好数学都有很大好处。

人的生命是短暂的，不过几十岁，但充分利用起来，这个价值是不可低估的。细水长流，积少成多；锲而不舍，金石可镂；坚持到底，就是胜利。学习语文也是这样。我对数学系的青年同志要求一直很严，一般要学四门外语。当然首先中文的基础要好。我还要他们挑选一本自己喜欢的文学书，经常看看、读读，当作休息。

总之，青少年时期的教育很重要。人在这个时期精力最旺盛，记忆能力、吸收能力都很强，不论学什么进步都比较快。要充分利用这个特点。

——节选自《二十世纪后期中国语文教育论集》

三、整本书阅读：如何开展？

如何阅读整本书？根据众多读书人的经验，我归纳出整本书阅读的主要方法如下。

通读与重读

通读是一种最基本的阅读方式，就是从头到尾、一页页硬读下去。没有这种硬啃的功夫，就无法获得整本书阅读的巨大红利。好书还需要反复读，在一遍遍的阅读过程中，读者可以得到不同的收获，可以使得自己的感受更加精微、认识更加深入。

仍然以毕飞宇先生的阅读为例。毕飞宇不但喜欢通读全书，而且重视反复读整本书。正是在这样的通读、反复读整本书的过程中，他获得了巨大的收益。

我阅读的习惯非常不好。凭我的阅读能力，如果我的阅读习惯好一点，我可能是一个很好的学者了。可我读书就是任性，对，和陶渊明一个风格，我读书也没正形，不是歪着就是斜着，还走神，读着读着，开始替人家写，一下子就飘出去十万八千里。我也改不了了。我在这里做检讨是想提醒年轻人，读书一定要端正，坐好了，预备好笔记本，如果走神了就写下来，这样的阅读可以使效率最大化。当然，阅读是需要才华的，这个才华很容易被我们忽视。

我唯一可以介绍的经验是重复阅读，你不要牛，无论你重复多少次经典都对得起你。我建议每个人都能寻找一两部经典，它会陪你一生，最后给你送终。

我在35岁之前，大致上吧，我几乎没有所谓的精读，全是泛读，那时候狂妄、自信，一个晚上就可以读一本厚书。35岁之后我没那么自信了，也没那么狂妄了，要么不读，要读的话差不多就是精读。35岁之后，我的小说比过去写得更好了。

读小说不要求快，你果真喜欢这位作家、这个作品，那就别要求自己很快读完它。快不是好的读书方式。阅读是为了自己，为了让自己更幸福，着什么急？慌什么慌？

不如花两三年时间去读一个作家的作品，比如花几年读鲁迅，花几年读《红楼梦》。这样读，可能比一年读100本书更有价值。

好的作家和作品，你得反复把玩。阅读一旦进入了把玩的阶段，就很有意思了。和田玉摸在手里很润，如果你和文字建立起良好的关系，你的手是可以摸到文字的质感的。有时候，我把小说看得很重，比性命还重；但有的时候，我把小说看得很轻，它就是一个手把件。

《红楼梦》在很多地方就是反逻辑的。生活逻辑明明是这样的，曹雪芹偏偏不按照生活逻辑写，因为失去了逻辑，《红楼梦》给我们留下了一大片一大片的"飞白"。这些"飞白"构成了一种惊悚的、浩瀚的美。反逻辑的背后，藏着很多东西。比如，王熙凤看望秦可卿一段。秦可卿是她的闺蜜，看了之后，发现她确实快不行了，这里曹雪芹写得特别温情，两个人眼圈红了。可是王熙凤离开病人房间后，曹雪芹像发了神经病，把院子里美好的景色描绘了一遍，底下还跟了一句"凤姐一步步行来赞赏"，王熙凤变成了欣赏美景的看客。由此，我们不得不问，王熙凤到底是个什么样的人？她跟秦可卿的关系究竟怎样？是不是闺蜜？这些，曹雪芹在小说里一个字都没写，他就写到这儿为止，没有了。我的理解是，曹雪芹如此描写王熙凤，是在告诉我们，这个世界上有两个王熙凤，一个是人前的王熙凤，一个是人后的王熙凤。这个人是可怕的，是不统一、分裂的。一般来讲，分裂、不统一的人，性格中就会有更大的纵深，更多的层面，这样的人往往更复杂，作家在描写时也更难。当你发现小说突然失去逻辑了，你要想想，作者的目的是什么？

读书可以分作两种，一种是自娱自乐性的，一种是刻苦攻读性的。

作为一个小说家，我读书的时候自娱自乐的成分要多一些，很任性，更多的时候其实就是把玩。这样的阅读有它的缺陷，那就是很难完成它的体系，很难胜任科研。但是，刻苦攻读也有它的弊端，因为太强的功利目的，它会使阅读丧失它的生动性。

阅读一点也不枯寂，尤其是读小说，它是很生动的，有很强的延展性和次生性，因为时空和价值观的错位，阅读在某些地方是可以超越作者的。说到底，阅读小说不是为了探求真理，而是探求生命的可能性，它所需要的并不是刻苦，而是开放的心、同情的心、有弹性的心、设身处地的心和推己及人的心，当然，也包括邪恶的心、阴暗的心。

我建议每一个喜爱文学的人都去读经典。什么是经典呢？臧克家说："有些人死了，但他还活着。"这就是经典的定义。他死了，但他的作品就是不死，棍子夯不死，刀子捅不死，越活越有生命力。

经典没有门槛，许多好作品都有门槛，可经典恰恰没有门槛。这句话说起来有点别扭，听起来也有点别扭，可事情就是这样。

我说过，无论你多聪明，多牛，《红楼梦》罩得住你，但是，只要你识字，《红楼梦》你也能读，津津有味的。经典就是这样，它上天入地。读经典不需要我们去努力，20岁你不喜欢，没关系，放下来，40岁再读一点也不晚。但功利一点说，经典就是优质股，建仓越早，获利越多，建仓越晚，获利越少。

生活化阅读 ▶▶▶

正如毕飞宇前文所言，整本书阅读，事实上丝毫没有什么玄妙之处，甚至普通得与日常生活一般。或者说，整本书阅读，在某种程度上就是一种生活状态。为此，我们在此特别强调"生活化阅读"。

"生活化阅读"大致有如下两层意思。

1. 阅读整本书是日常生活的一部分

每天读几页书，持之以恒，一直读完全书。这就像在生活中完成一项任务，经历某种生活一样。一旦将阅读作为日常生活之必需，每天坚持读一点

（例如15分钟），那么，我们的整本书阅读就有可能出现奇迹。

如果每天阅读15分钟会出现什么奇迹呢？假设一个中等程度的读者，阅读一本一般性的书。通常每分钟阅读300字，一天15分钟就能够阅读4500字。一周七天就能够阅读31500字，一个月就是126000字，一年阅读量就达到150万字。按每本书平均10万字计算，只要每天坚持阅读15分钟，一年至少可以阅读15本书。中学六年，学生将阅读近百本书。

试问，在当下，有多少中学生能够完整阅读100本书呢？

外国有一个著名的人物威廉·奥斯罗爵士，在这方面就是一个典型的例子。奥斯罗是一位内科医生，他的工作极其繁忙，除了在医学院任教，同时还担任医学研究工作。但奥斯罗有一个非常巧妙的解决办法，他把每天睡觉前的15分钟定为专用读书时间，在他的一生中，每天入睡前阅读15分钟成为他的生活方式，从来不曾破例。奥斯罗说，在一段时间之后，他如果不读上15分钟书简直就无法入睡。就这样，一年便能阅读15本书，数十年如一日，单凭这15分钟的阅读，就使得他一生读完了1000本书。

这就是所谓的聚沙成塔、集腋成裘。

整本书阅读必须养成这样的习惯。这一习惯一旦养成，将使一个人终生受益。也可以说，养成每天阅读的习惯，是整本书阅读的前提，也是整本书阅读所结成的果实。

让阅读成为一种习惯，成为我们的日常生活方式，这是整本书阅读的应有之意。

2. 平常心对待整本书阅读

许多学生面对整本书阅读之所以难以坚持，一个主要原因就是没有平常心。

以《红楼梦》为例。面对中国文学的巅峰之作《红楼梦》，许多朋友往往会产生望而却步的畏惧心理，以为《红楼梦》涉及中国传统文化的方方面面：散文、辞赋、绘画、音乐、歌舞、医药、园林、建筑……包含了中华民族多方面的文化精粹，是一部中国文化的百科全书，因而自思：我乃一区区小人物，怎敢涉足如此宏大的世界呢？

我要说：朋友，你低估了自己，你也许不知道许多伟大的经典其实非常平易近人。也许，你把阅读看得太神秘——你是不是一直以为一个人如果不了解一部作品的时代背景，不了解一个作家的生平经历，不了解一个时代的政治、哲学就不能进行正常的阅读呢？

事实上，多数经典都淳朴得如同生活本身，你能感受生活，你就能欣赏名著——只要你具备最基本的阅读能力——而你近十年的阅读经验早已养成了阅读的基本能力。细细地读《红楼梦》，其实就是细细地品味生活，或者说，是在体验一种你从未经历过的生活，这又有什么可畏惧的呢？

再者，普通人阅读名著其实也不需要像专家那样深入深出，引经据典，条分缕析，探幽发微。我国学者张承志在他的《心灵史》中说过一段极富启发性的话："最好的研究方法其实只存在于研究对象自身的规定中。"我们是不是可以说"最好的阅读方法就在于对作品本身的解读"呢？完全可以。

例如，当我们面对"红楼梦"时，我们就只需从最基础的地方入手，从作品本身去欣赏它。摆脱所有的教条，不去计较太多作品以外的因素，全身心地投入到《红楼梦》所描绘的生活场景中去，去呼吸、去感受其中人物的喜怒哀乐。倘能如此，你就已经在欣赏《红楼梦》了。

不要刻意求深、求新，不要过多关注名家学者如何评价。你且把《红楼梦》当作一个家族中人与人之间的交往故事来读，读懂多少是多少。在此基础上，你再尝试着去分析作品结构的安排、语言的锤炼、蕴含的哲理以及作者的身世、版本的演变……这样的阅读，你还害怕吗？每个读者都能够从《红楼梦》中汲取无限丰富的精神养料，前提是：完整地阅读《红楼梦》。

专业化阅读

整本书阅读不能只是"随便翻翻"，虽然，通读一遍是整本书阅读的前提，但绝不能止步于此。整本书阅读的升级版就是"专业化阅读"。

整本书阅读教学，除了培养学生的阅读习惯之外，很大程度上，还需要培养学生专业化阅读能力。专业化的整本书阅读需要精细化阅读，需要研究性阅读，需要专题阅读。

关于专业化的整本书阅读，有美国阅读教父之称的阅读学专家莫提默·J.艾德勒在其极具盛名的《如何阅读一本书》中介绍甚为详细。此书对于语文教师指导学生开展专业化的整本书阅读具有重要的参考价值。

该书将阅读分为四个层次：基础阅读、检视阅读、分析阅读、主题阅读，并对这四类阅读分章加以详述。此外，该书还介绍了阅读不同读物的方法，例如，阅读实用性书籍，阅读想象作品，阅读故事、戏剧与诗歌，阅读科学与数学书籍，阅读哲学类书籍，阅读社会科学类书籍。

如果语文教师在整本书阅读教学过程中，能够有效地运用本书中的阅读方法开展多层次的阅读，事实上就是在开展专业化的整本书阅读指导。此书对各类专业阅读方法作了详细介绍，兹不赘述。

核心技术二

分析阅读需求

一、基于需求指导整本书阅读

当前，课程与教学领域正在发生重大的转向。这一转向的基本路径大致如高文教授所描述的那样："从标准化转变为根据学习者的需求进行定制，从关注教材的呈现转变为重点分析学习者的需求，从内容的灌输转变为帮助学习者理解。"整本书阅读教学理应循此路径。

什么是学习者的学习需求？为什么整本书阅读必须基于学习需求呢？

要回答这些问题，我们必须从课程理论中寻找学理依据。

基于学情设计课程

整本书阅读首先需要进行课程设计。

有效的课程设计必须从以下几个方面描述学习者的特征：

（1）认知特点：包括学习者特定的先行知识、一般能力、特殊能力、发展水平、语言发展水平、阅读水平、认知加工的风格、认知和学习策略等；

（2）情感特征：包括兴趣、动机、学习动机、对学科内容的态度、学习态度、对特殊形式媒体的感知和经验、学业自我概念、焦虑水平、信念和对成功的归因等；

（3）社会性特征：包括同伴关系、对权威的态度、合作或竞争的倾向、道德水平、社会经济背景、种族/民族背景、从属关系和榜样等。[1]

有学者则认为对学习者的分析一般包括以下内容：

---

[1] P.L.史密斯，等，著.教学设计（第三版）[M].庞维国，等，译.上海：华东师范大学出版社，2008.

（1）学习者对从事特定的学科内容已经具备的有关知识与技能；

（2）学习者对相应的学习内容的认知与态度，即学习者的初始能力和教学起点；

（3）学习者的一般特征，即能够对学习者的学习产生影响的心理、生理和社会特点以及学习者的学习风格。[①]

有效的课程与教学必须建立在对学生充分了解的基础上，否则必将是镜花水月，空中楼阁。也就是说，设计整本书阅读课程体系，必须充分了解学生的阅读特征、阅读习惯、阅读需求以及所具备的阅读能力。如果不考虑这些，贸然开始整本书阅读教学，就可能面临盲人骑瞎马的危险境地。

对学生的了解，关键是分析学生的需求。

激发学生阅读需求

整本书阅读究竟读什么？

这不是教师凭空拍脑袋就能决定的，必须通过大量的调研，了解学生的兴趣爱好、阅读目的等各类需求。

"学习需要"包含"学习愿望"或"学习动机"，也就是学习者在"想要"层面上的"学习驱动力"，大致可归属于学习者的情感态度等层面。

现代学习理论认为，动机是学习过程中不可或缺的要素，它以情绪、态度和意志等模式出现，与学习的内容和结果同等重要。学习个体通过动机因素在学习中发挥作用，因此被称为"情绪智力"。学习动机总是会影响学习结果，要发展的知识总是附加有情绪的气氛和印记。西方心理学家自弗洛伊德开始一直到皮亚杰都强调学习过程深受动机和情绪领域的影响。现代脑科学研究也证明，情绪和感受是一种调节机制，它们接收来自身体和环境的冲动，从而激发起学习者的活动、思想和学习。英国心理学家约翰·赫伦认为，一个人既不能

[①] 杨九民，梁林海. 教学系统设计理论与实践[M]. 北京：北京大学出版社，2008.

将理智从生理中分割出来，也不能够将理智从情绪中分割出来。人类的学习是在经验、情绪、理智和社会实践中持续不断的互动中完成的[①]。在学习过程中，动机的重要性不言而喻。基于需求的整本书阅读必须深入分析学习者的学习动机。

如果整本书阅读没有切中学生的需求，没有激发学生的阅读动机，没有唤起学生的读书欲望，那么，教师所面对的必将是一场可怕的"灾难"。因为如果单篇文章教学没有顾及学情，毕竟还容易"翻篇"，容易转换。一旦大部头整本书阅读没有获得学生的认可，其危害将不容小觑。

一旦切中学生的兴奋点，整本书阅读的潜力则可能得到充分的发挥。因为了解学生需求，就易于触动学生兴奋点，易于激发学生动机。为此，我在整本书阅读教学之前，必定会采取多种方式，例如，开展相关专题讲座、知识竞赛、课本剧演出、读书会、辩论会等活动，以此不断造势，不断预热，努力营造浓厚的读书氛围，以期吊起学生读书的胃口。

依托学生阅读经验 ▶▶▶

学生的学情还有一层含义，那就是学生的阅读经验。

"经验"有两个层级：一是已有的学习经验，这些经验可能对学习者新的学习产生各种影响；一是学习者所缺失的学习经验。我们将前者称为先拥经验，而将后者称为待建构的经验。其中，先拥经验又分为正面经验和负面经验。所谓正面经验是指能够对学习者当下学习产生积极影响的经验，负面经验则指可能造成学习者学习障碍、学习防御的一些经验。

整本书阅读教学的基本特征应该是"以学习者为中心"。换言之，就是基于学习者需求构建合宜的整本书阅读课程。具体来说，就是致力于分析学习者的实际状况，并找到学习者问题的症结，然后据此确定教学目标与教学内容，并组织相应的教学活动，最终促使学生获得预期要达成的语文核心素养。

[①] 克努兹·伊列雷斯. 我们如何学习——全视角学习理论[M]. 孙玫璐，译. 北京：教育科学出版社，2010.

二、整本书阅读需求调查

在改革中学语文教学呼声日高的今天，体现浓郁人文意识、注重文化积累和文学熏陶的"语文课程标准"终于修订出台，新课标规定整本书阅读要作为重要的学习任务之一。

但是，目前广大中学生对文学名著到底有多大的兴趣？他们的阅读水平究竟如何？他们能在多大的程度上达到新课标所规定的基本要求呢？他们在阅读文学名著时会遇到什么样的困难呢？

为了解以上情况，我们特意进行了一次问卷调查。考虑到文学名著的范围较广，为了调查的便利，我们决定选择一部重要作品作为调查内容。由于《红楼梦》在中国古典文学中所具有的特殊地位，我们设计了"高中生与《红楼梦》"这一调查问卷，想借此了解中学生对古典文学的阅读兴趣、阅读能力和阅读的基本环境。

调查方法 ▶▶▶

本次采用问卷调查的方法，我们侧重了解以下几个方面的问题：

（1）高中生阅读《红楼梦》的动机状况；

（2）高中生实际具备的阅读水平及其所面临的主要困难；

（3）高中生课外阅读的背景状况。

问卷由封闭式的结构型问题及开放式的非结构型问题构成。其中结构型问卷又分为两部分：文本阅读情况调查、阅读背景调查，以了解中学生阅读的内因与外因。

调查之前，我们参照了北京大学红楼梦研究会编制的"《红楼梦》知多少"

问卷调查（参见《红楼梦学刊》2000年第1期），并结合高中生的实际情况列出了具体的调查项目，又召集了部分学生进行了座谈，列出了基本问题后又选择高二年级一个班进行了试测，在此基础上编制出正式的调查问卷。

为防止出现问卷回答的偏斜现象，我们还特地在问卷中设置了几道问题（参见后面问卷中的14—17题）用以验证答卷人有无偏斜现象，凡是有明显偏斜倾向的答卷，一律作为无效答卷处理。

样本选择

为使调查结论更符合实际，我们选择了三所学校（省重点高中、县完中、农村中学各一所）的450名高中生（高一学生100名，高二学生200名，高三学生150名）作为调查对象，并请同行教师帮助发放、回收问卷。

由于相关教师大力协助，最终所有问卷全部收回，回收率达100%。其中有效问卷共374份，有效率达83.1%。

问卷分析

1. 高中生是否喜爱《红楼梦》等古典名著?

调查表明：绝大多数高中生对阅读《红楼梦》有强烈的兴趣和愿望。

有82.7%的高中生曾经尝试阅读过《红楼梦》；有63.78%的学生明确表示如果学校开设《红楼梦》选修课，他们愿意选修；有的学生甚至还在"愿意"前面加上"非常""百分之百"等字眼加以强调。

在回答"你认为高中生是否应该阅读《红楼梦》"这一问题时，有48.91%的学生认为"非常必要"，有22.16%的学生认为文科学生必须读，只有5.4%的学生认为"没有必要"。

由此可见，尽管目前学生的学习压力很大，"快餐文化"也在不断影响着学生对古典文学的阅读，同时，影视作品也占据了学生主要的休闲时间，但学生仍然对《红楼梦》等古典文学作品一往情深。还有许多学生在阅读调查表后附上了这样的文字：

请问：真的会开设《红楼梦》选修课吗？如果是的话，我将第一个报名。不过，我觉得即使不开选修课，开个讲座或者是研讨会也很好。如果开设选修课，不必仅仅限于《红楼梦》这本书，可以称之为"文学选修课"，范围可以更大一些，涉及内容可以更广泛一些。比如：外国文学，中国文学史等。甚至一些在大学才能触及的有关内容都可以拿过来，不过时间最好为一堂大课（九十分钟），可以先在某一年级作一个示范，试试效果，如果好，就可以推广到全校。

不仅要开设《红楼梦》选修课，还应该在更广的范围内使学生尽量接触更多的名著，例如《麦田守望者》《尤利西斯》《百年孤独》等都可以引导我们去阅读欣赏。

希望老师给我们一定的指导，例如：从哪些方面阅读，从哪些地方入手分析人物心理、性格，但希望老师不要总是把自己的看法强加给我们。

作为一名中学生，我渴望了解《红楼梦》。我希望学校在某个阶段开一个"红学周"。在这一周的语文课上，老师可以专门为同学们讲解《红楼梦》，毕竟有些同学至今还没有摸过《红楼梦》的边儿，而有些读过此书的同学大都是浅尝辄止，还需要通过老师的讲解帮助，才能加深对这部名著的理解。

当然，还有一些不同的意见，例如：

我认为高中生无须读《红楼梦》。纵然把《红楼梦》背下来，高考不考一切都枉然。请问，《红楼梦》能当饭吃吗？《红楼梦》对我的数理化有帮助吗？即使通读《红楼梦》能够使我的语文水平有一定的提高，但花那么多的时间值得吗？

虽然只是少数学生持此观点，但毕竟代表了一部分学生，甚至反映了一部分家长、教师的看法。但在总体上，绝大多数学生还是迫切渴望能够阅读《红楼梦》等文学名著的。

2. 高中生阅读《红楼梦》的现状如何？

如上统计，尽管绝大多数高中生表示愿意阅读欣赏《红楼梦》，但实际上，有37.9%的学生属于"愿意读"但"读了几章却看不下去"之列。这说明，有相当数量的高中生虽有阅读名著的强烈愿望却不具备相应的能力水平，因此才会有63.78%的学生表示愿意选修"《红楼梦》导读"课。由此也可以看出学生迫切需要教师的引导帮助。

但是教师在这方面做得怎么样呢？

先让我们看看中学生是如何走进《红楼梦》的。

在读过《红楼梦》的学生中，有21%的学生是因为受了同学的影响；23.78%的学生是受了书报上有关评介文字的影响；更有43.21%的学生完全是个人主动走进《红楼梦》的。教师的推荐介绍只占区区13.24%，所起的作用是多么微不足道！

也就是说，面对82.7%的渴望走进《红楼梦》的中学生，绝大多数语文教师始终毫无作为，任由学生自生自灭，没有督促，没有指导。这可不可以说是语文教师的失职呢？那么，广大语文教师的精力主要投放在什么地方呢？无非是备课、上课、考试、批改作业、批改试卷而已。但这些真的就是语文教师全部的工作吗？除此以外，语文教师还能再做些什么呢？

其次，我们不能不问一句：没有教师引导下的学生是怎样阅读《红楼梦》的呢？

有40%的学生表示自己首先是通过"电影电视"这一渠道了解《红楼梦》的。只有39.72%的学生是通过阅读原著了解作品的。看来，现在影视作品已经在悄然取代传统的文本阅读方式了。而语文的命脉恰恰在于文本的读写，对此，语文教师该有何作为呢？我以为，引导学生学会阅读、愿意阅读，使学生体味到文本阅读的无限乐趣，应该是语文教师最基本的职责。

语文教师一面指责学生不读书，一面却面对众多渴望读书、渴望得到指导的嗷嗷待哺的学生无动于衷，这难道不是很反常的事吗？

正由于得不到教师的指导，许多学生在阅读《红楼梦》时往往显得茫然不知所措，显得漫不经心。有 24.59% 的学生阅读《红楼梦》只是"随便翻翻"，28.37% 的学生是"找感兴趣的片段"读读。换言之，有 52.96% 的学生实际上根本不是在阅读《红楼梦》，充其量不过是慕名前来做了一回走马观花的"观光客"而已。显然，像这样的阅读方式注定是无法真正解读《红楼梦》这部皇皇巨著的。只有 21.62% 的学生能够"细细阅读每一个章节"，8.11% 的学生能够在阅读时"做些读书笔记"。但是，他们的阅读效果似乎也并不乐观。

事实上，本问卷特意设计的几个辅助问题也说明了这一点。例如，在读过《红楼梦》的学生中，竟然只有 43.78% 的学生知道"潇湘妃子"是林黛玉的名号，有 45.94% 的学生知道"贾环是贾宝玉同父异母的兄弟"。这表明，对于书中这类极低层次的问题，也只有不到一半学生能够作出正确选择。至于稍稍深入到理解、鉴赏层次时，学生的了解就更为有限了。例如当问及"'霁月难逢……'是谁人的判词""'琉璃世界白雪红梅'一回中谁的风采最美"等问题时，正确率便只有 38.37% 和 19.46%。由此可见，目前中学生对于《红楼梦》的解读实在只是处于极其粗浅的层次上。

高中生在阅读《红楼梦》的过程中主要的障碍是什么呢？

在开放式答题卷上，有许多学生这样回答：

记不住贾府、大观园中复杂的地理方位。

记不住书中复杂的人物关系。

对书中的文言文阅读感到困难。

对书中大量的诗词感到厌烦。

不了解《红楼梦》中的社会文化背景，觉得那是另一个世界的故事，和我们相隔甚远。

而这一切都不是学生自己能够独立解决的。

看来，学生的阅读动机和实际的阅读水平之间存在着相当大的差距。

3. 高中生的阅读环境如何？

如今的高中生，其父母大多出生于 20 世纪 70 年代。由于时代的原因，他们父母的学历普遍不高：初、高中学历的占 65.39%，而有大学学历的只占 14.3%，多数农村学生家长只是小学以下的文化程度。与家长的文化程度密切相关的是家庭的藏书量。调查表明：27.3% 的家庭几乎没有任何藏书，近半数的家庭（42.97%）只有 50 本左右的藏书。在这样的环境下，学生的阅读能力几乎不可能得到什么提高。由此也说明了学校图书馆的重要性（它几乎成了学生课外阅读的唯一来源），说明了教师指导的重要性。

在对孩子的阅读指导方面，家长和教师一样都没有发挥应有的作用。

有 32.97% 的学生说自己的家长"从来不"和自己交流读书体会，51.62% 的学生说家长"偶尔会"与自己交流。究其原因，可能是许多家长没有这种意识，但更主要的原因是大多数家长不具备这种能力（由于文化水平的限制）。

由此看来：能够给学生提供阅读指导的教师未能发挥教师的作用，最适宜熏陶学生阅读能力的家庭未能提供相应的环境，于是，学生们便只好随意发展、自生自灭。其中固然不乏佼佼者，但那通常只是学生个人的禀赋悟性使然。教师的作用究竟体现在哪里呢？

在时间方面，学生的课外阅读也得不到充分的保证。

有 30% 的学生每周课外阅读时间居然还不到一小时！这几乎等于没有进行任何阅读。有 30.8% 的学生每周只有不足三小时的课外阅读时间！当半数以上的学生没有足够的时间阅读，他们注定无法真正提高自己的阅读水平。如果根据这样的阅读时间来看，将有一大半高中生根本无法完成新订大纲所规定的高中阶段"阅读 10 本以上文学名著"的任务！

从另一方面看，家长对孩子进行课外阅读的态度较以前有了极大的改观，大多数家长已经开始认识到课外阅读的重要性。

由调查可知，反对孩子进行课外阅读的家长只有 7.8%，"允许孩子在假期进行阅读"的家长占 43.24%。这表明，有相当多的家长已经开始在孩子繁重的课业负担和课外自由发展之间寻找"契合点"了。另外，鼓励孩子"多多阅读"的家长也有16.48%，至于25.13%的对孩子的课外阅读"不过问"的父母，实际上也等于允许孩子看课外书（当然，前提是不影响学习成绩）。因此，中学生课外阅读的家庭动力固然还没有，但阻力看来也已经变得很小，应该说是近年来语文教育改革取得成效的一个有力的证据。

结论和建议

1. 有关结论

（1）调查表明：绝大多数学生高度重视古典文学名著，对于《红楼梦》这类极富文化内涵的经典名著，他们有着极其强烈的阅读愿望。这是我们搞好语文教育的重要的基础。这一调查结论也和以往人们关于当前中学生"远离经典"、属于"读图时代"等看法大相径庭。（据报道：中学生喜欢读的书排在第一位的是科幻小说，第二位是卡通读物，第三位是武侠小说，第四位是军事读物。对于文学名著，只有34.8%的学生偶尔翻翻，喜爱并认为能从中受益的仅有9.6%，还有50%左右的学生几乎不读文学作品。他们一年只读两册薄薄的教科书，甚至连这仅有的两本书也未能认真阅读过。）

（2）中学生中确实存在着"远离经典"的现象，不过，这主要是由于学生的主观愿望和经典作品本身存在的难度之间有着巨大的差异所致。学生在知识、语言、阅读能力等方面都存在较大的障碍，迫切需要得到教师的帮助指导。但教师在这方面做得很不够，学生基本上处于自然发展的状态中。

（3）现阶段，高中生阅读文学名著的条件已基本具备：家长支持、学生积极、社会呼吁、任务明确（有了"课标"及"书目"）。主要的障碍在于没有足够的阅读时间和阅读指导。这似乎是制约语文教学进一步发展的两个新的"瓶颈"。前者需要教育行政部门的干预，后者则是语文教师的本分。希望能够引起广大同行足够的重视。

2. 相关建议

（1）虽然说"课堂是教学的主阵地"，但是具体到语文学科，由于母语学习的特殊性，单纯的语文课堂教学改革似乎难以继续发挥当年那样巨大的作用

（语文课堂教学改革在语文教学还处于初级阶段时确实取得了巨大的成效，这是有目共睹的。但此后出现的语文教学的"高原现象"也是不容回避的）。因为语文学习是一个复杂的系统，单纯的课堂教学改革力度毕竟有限。语文学习从本质上是立足于生活的。课堂教学只能起到示范、释疑、推动作用，永远无法代替学生的自我学习、自我发展。事实上，尽管教师在课堂教学上狠下功夫，并自认为效果不错，但绝大多数学生竟一致认为自己语文水平的提高主要得益于课外自我阅读。由于学生的课外时间有限，开展大规模的课外活动毕竟不切实际，所以，教师应该将语文教学的重点定位在阅读策略、阅读方法的指导上。

（2）建议改革语文教学结构，将多种课型加以融合：以"方法策略"为教学目标，以"课堂示范"为入门之径，以"阅览课"（在教师指导下由学生自由阅读，旨在历练"方法策略"和"课堂"上习得的内容）为语文学习的"实验室"，以"项目化研究学习"为巩固提高语文能力之手段，最后，借"社会实践活动"印证所学，磨炼学生的才识品性。总之，应该通过多渠道、多种方式从多个方面来丰富学生的知识，提高学生的水平。

（3）从目前情形看，学生们的知识面可能比较广泛，但大多只停留在较低的层次上，学生们很容易成为只有广度而没有深度的"平面人"。因此，有必要引导学生扎扎实实地读透一部经典之作，向纵深发展，然后以此为据点延伸拓展，使之融会贯通，举一反三，进而促成其语文水平的全面提高。

（4）文学名著的阅读应提倡"素读"，教师主要是引导学生认认真真阅读"文本"。在阅读过程中，侧重"点"出作品中的要害，引导学生体会思考；"拔除"阅读障碍，帮助学生深入钻研；提供策略方法，促使学生"自能读书"。应该以读写为基本活动方式，辅以一定的"师生讨论"即可。总之，以"读懂、领会"为旨归，切忌大搞表面的花哨。因为读书在本质上主要是一种内在的"心智活动"，实在没有必要去追求那些表面上的热闹。

问卷调查统计数据

各位同学,为了解同学们的课外阅读情况,我们特地制作了本表并就以下问题向您咨询,请您拨冗认真填写,并注明您所在的学校和年级(但无须填写您的姓名)。谢谢合作。

甲 阅读背景调查

(1)您父母的文化程度是?

A 大学　B 高中　C 初中　D 小学

A(14.3%)　B(46.75%)　C(18.64%)　D(8.1%)

(2)您的家庭有多少藏书?

A 几乎没有　B 50 本左右　C 200 本以上　D 500 本以上

A(17.29%)　B(42.97%)　C(26.76%)　D(6.21%)

(3)您本人有多少藏书(不包含教科书、学习辅导用书)?

A 10 本以下　B 30 本左右　C 50 本左右　D 100 本以上

A(34.59%)　B(33.24%)　C(13.78%)　D(10.01%)

(4)您的家长和您交流过读书体会吗?

A 从来不　B 偶尔会　C 经常会

A(32.97%)　B(51.62%)　C(7.21%)

(5)您每周课外阅读的时间大约是多少?

A 不到 1 小时　B 3 小时　C 5 小时　D 7 小时

A(30%)　B(31.81%)　C(20%)　D(12.16%)

(6)您父母对您读课外书的态度怎样?

A 不过问　B 反对　C 允许在假期看　D 鼓励多看

A(25.13%)　B(7.83%)　C(43.24%)　D(16.48%)

乙 文本阅读情况调查

(7)您通读了《红楼梦》了吗?

A 没翻过　B 读了几章但看不下去　C 读了一遍　D 读过多遍

A（17.29%） B（33.24%） C（27.56%） D（17.56%）

（8）如果学校开设《红楼梦》选修课，您愿意选修吗?

A 愿意　B 不愿意　C 随便

A（63.78%） B（9.45%） C（21.08%）

（9）您是通过什么渠道了解《红楼梦》的?

A 电影电视　B 连环画　C 报纸杂志　D 阅读原著

A（40%） B（2.7%） C（10%） D（39.72%）

（10）您读《红楼梦》的原因是什么?

A 同学的影响　B 老师的推荐　C 书报的评价　D 个人主动阅读

A（21%） B（13.24%） C（23.78%） D（43.21%）

（11）您认为高中生应该读《红楼梦》吗?

A 很有必要　B 没有必要　C 文科学生应该读　D 无所谓

A（48.91%） B（5.41%） C（16.48%） D（22.16%）

（12）您是在什么时候读完《红楼梦》的?

A 小学　B 初中　C 高中

A（6.21%） B（27.82%） C（29.45%）

（13）您是怎样阅读《红楼梦》的?

A 找感兴趣的片段读　B 每个章节都细细品读

C 做些读书笔记　　　D 随便翻翻

A（28.37%） B（21.62%） C（8.11%） D（24.59%）

（14）"潇湘妃子"是谁的名号?

A 王熙凤　B 薛宝钗　C 林黛玉　D 史湘云

A（7.56%） B（8.37%） C（43.78%） D（17.02%）

（15）贾环是贾宝玉的什么人?

A 叔伯兄弟　B 同父异母兄弟　C 叔父　D 堂妹

A（21.08%） B（45.94%） C（5.94%） D（6.48%）

（16）"霁月难逢，彩云易散。心比天高，身为下贱……"是谁人的判词?

A 晴雯　B 袭人　C 彩霞　D 湘云

A（38.37%）　B（15.67%）　C（5.40%）　D（1.35%）

（17）"琉璃世界白雪红梅"一回中谁的风采最美？

A 黛玉　B 妙玉　C 宝钗　D 宝琴

A（8.37%）　B（16.75%）　C（17.56%）　D（19.4%）

（18）您在阅读《红楼梦》时遇到最大的困难是什么？

A 记不住贾府大观园中间复杂的地理方位。（51.7%）

B 记不住书中复杂的人物关系。（44.35%）

C 对书中的文言文阅读感到困难。（30.23%）

D 对书中大量的诗词感到厌烦。（71.19%）

E 不了解《红楼梦》中的社会文化背景，觉得那是另一个世界的故事，和我们相隔甚远。（30.44%）

（注：本题数据有重复，因为有部分学生同时列举了以上几种情况。）

三、整本书阅读个案

如何依据学生的实际学情，为学生量身定制整本书阅读方案？

基于学情的整本书阅读指导究竟对学生发展具有怎样的作用？

在此，我们呈现一个典型个案加以说明。

案主简介 ▶▶▶

有一位学生叫夏虹（化名），酷爱语文，语文成绩优秀。阅读面广，兴趣广泛，爱好写作，在初中阶段已有文章发表，进入高中后爱好新闻，决心考入复旦大学新闻系。

但是，夏虹同学的数学成绩很不理想，因此考入复旦大学新闻系之愿望较为渺茫。有鉴于此，教师与其本人及其家人商量，共同拟定一个方案：与其苦攻数学始终无效，不如充分利用现行高考制度提供的条件，舍弃数学，扬长避短，充分发挥其语文特长，报考艺术类专业。最后，报考目标定为中央戏剧学院。

随后，教师及家长为其开设大量书目供其自由阅读。

阅读书目 ▶▶▶

在高二、高三阶段，夏虹同学开始了为期两年的"整本书"海量阅读系统工程。

具体阅读书籍目录如下。

1. 中国古典文学

《红楼梦》及蒋和森、王昆仑的有关红楼梦的评论文章；

《封神演义》《聊斋志异》《老残游记》《镜花缘》；

冯梦龙:《警世通言》《醒世恒言》《喻世明言》;

《古文观止》《唐诗三百首》《宋词选》;

张岱小品文;

李渔:《闲情偶寄》。

2. 中国现代小说、散文

鲁迅:《呐喊》《彷徨》《故事新编》《朝花夕拾》《鲁迅杂文选》;

张爱玲:《金琐记》《红玫瑰、白玫瑰》《沉香炉》《倾城之恋》《霸王别姬》;

老舍:《月牙儿》《骆驼祥子》;

钱钟书:《围城》;

沈从文:《边城》;

苏童:《妻妾成群》《红粉》《米》;

李碧华:《霸王别姬》《胭脂扣》《青蛇》;

张承志:《北方的河》《黑骏马》;

王安忆:《长恨歌》;

高阳:《胡雪岩》;

白先勇:《谪仙记》《游园惊梦》《玉卿嫂》《永远的尹雪艳》《金大班的最后一夜》《孤恋花》《花桥荣记》《一把青》,以及白先勇部分剧本和文学评论;

金庸:《射雕英雄传》《神雕侠侣》《倚天屠龙记》《笑傲江湖》《天龙八部》《鹿鼎记》《碧血剑》《书剑恩仇录》;

古龙:《楚留香传奇》《大漠英雄传》《圆月弯刀》《多情剑客无情剑》;

革命小说:《林海雪原》《红岩》《青春之歌》。

此外,还阅读大量文集,如《余光中散文集》《简贞散文集》,还有王朔、余华、苏童、莫言各自选编的《影响我的10部短篇小说》。

3. 外国文学

《简·爱》《呼啸山庄》《基督山伯爵》《苔丝》《飘》《福尔摩斯探案集》《双城记》《巴黎圣母院》《斯巴达克斯》;

瓦西里耶夫:《这里的黎明静悄悄》;

川端康成:《伊豆的舞女》;

村上春树:《挪威的森林》。

茨威格:《一个陌生女人的来信》《一个女人一生中的二十四小时》《看不见的收藏》《象棋的故事》《马来狂人》《月光小巷》;

《欧·亨利短篇小说选》《契诃夫短篇小说选》;

上海文艺出版社出版的《外国短篇小说选》(上、中、下三卷,1978年版)大部分作品。

4. 相关剧本

曹禺:《雷雨》《日出》《原野》;

老舍:《茶馆》《龙须沟》;

魏明伦:《夕照祁山》《潘金莲》《中国公主杜兰朵》《易胆大》《变脸》《四川好女人》;

锦云:《狗儿爷涅槃》;

中国古典戏剧作品:《西厢记》《牡丹亭》《长生殿》《桃花扇》;

《莎士比亚剧作选》;

徐城北:《闲话京剧》。

阅读成效

海量整本书阅读之后,夏虹的语文水平层楼更上。获得了如下成绩:

2001年华东六省一市作文竞赛二等奖;

2002年安徽省语文竞赛一等奖;

2003年4月,以优异成绩通过中央戏剧学院戏剧文学系专业课考试。

也许这一个案具有特殊性,但是,整本书阅读所产生的巨大效益则是有目共睹的。

在某种意义上,我们可以这样说:阅读数量就是阅读质量,大量阅读必然产生巨大力量。

大量阅读，主要就是阅读一部一部完整的书。当然，在阅读这些整本书的过程中，最好有那么一本能成为学生阅读的据点：学生通过深耕式研读，汲取知识，培养能力，养育精神。

四、整本书导读课例

高级版导读实录 ▶▶▶

1. 关键情节梳理

师：今天我们来学习《宝玉挨打》。这篇课文节选自古典章回小说《红楼梦》，请问什么叫章回小说？

生：（纷纷搬出词典查找）章回小说就是把全书分成若干回，每回有标题，概括全回的故事内容。

师：善于借助工具书，很好。请大家务必注意，阅读章回小说有一个关键，那就是一定要认真研读每一章回的回目，这些回目往往是本章的要点所在。那么，《宝玉挨打》这一节在《红楼梦》原文中的回目是什么呢？有谁阅读原著时注意到这一点？有谁能够在黑板上为大家写出来？

（不少学生顿时沉默。看来，有些学生大概未看原著，有些同学看原著时可能对回目未加注意。忽然，有一位学生举手——）

生1：老师，我记不全，可以只写一部分吗？

师：可以。

（学生上讲台板书：手足动唇舌，不肖种种……）

师：已经很不错了。虽然没有记完整，但是基本上抓住了关键词。其实，老师在布置大家阅读原著之前，之所以没有事先提醒大家注意回目，其实就是想看看大家有没有阅读标题的意识。同时，也是想给大家留下较为深刻的印象。现在大家记住了吗？今后读书，一定要关注文章的——

生：（齐答）标——题！

（教师接着补全回目：手足眈眈小动唇舌，不肖种种大承笞挞。）

师：请注意这"笞挞"两个字的读音；另外，"不肖"是什么意思？

生2：应该读 chītà，是"责打"的意思；"不肖"是"不争气、没出息"的意思。

师：可以结合课文内容解释这两句的内容吗？

生2：这里"手足"指的是贾环，是说贾环对宝玉怀恨在心，找到机会就害宝玉；而宝玉自己也有许多"不肖"之事，所以最终被父亲贾政痛打了一顿。

师：说具体些。

生2："手足眈眈小动唇舌"指的是贾环利用了金钏儿投井一事乘机陷害宝玉。我想，贾环一定听到了一些风言风语，当贾政痛斥他时，他一方面想为自己开脱，另一方面也想借机害一害宝玉。所以，就乘机诬陷宝玉调戏金钏儿致使金钏儿自尽。"不肖种种"的情形就更多了。最直接的原因是宝玉与忠顺亲王府家戏班的琪官蒋玉涵交往，致使亲王派人前来索人，令贾政又惊又气，目瞪口呆；但深层的原因却是父子之间始终存在的人生观的矛盾——父亲希望儿子经常与贾雨村接触长长才干，但儿子却对贾雨村之流厌恶万分，这次与贾雨村的会面，宝玉"全无一点慷慨挥洒谈吐"，早已令贾政大为恼火；还有宝玉由来已久的厌恶读书、专喜在"内帏厮混"的毛病……这些都让贾政痛心疾首！总之，宝玉的"不肖"大致有以下几条：结交、勾引王爷喜爱的戏子，调戏母亲的丫鬟最后闹出了人命，不爱读书，不愿与官场之人交往，成天与女孩子混在一起……

师：概括得真好。几乎没有什么遗漏了。不过，请大家想想，宝玉挨打的根本原因是贾环的进谗还是宝玉的"不肖"呢？

生3：我认为主要是由于宝玉自己的"不肖"。

师：为什么呢？

生3：因为上面所讲的几件事随便哪一件在贾政眼里都是难以接受的。即使没有贾环的陷害，等到忠顺王府来人索要琪官时，贾政照样会痛打宝玉。况且，贾环所说的也不完全是无中生有，贾宝玉对金钏儿之死多少要负点责任的。其实，我觉得贾政对宝玉的不满由来已久，他想教训教训宝玉的念头早已有了，所以，这次几件事情聚在一起当然令贾政气急败坏、怒火中烧了。而且，我觉得……如果我和宝玉一样成天不读书还早恋，我爸爸一定也会打我的！

（全班大笑。教师亦不禁莞尔。）

师：所以，你认为宝玉所作所为确实不好，该好好教育一下是吗？

生3：对。

师：其实，不光你这么看，小说中的人也大多这么看。再请同学结合课文举例解释。

生4：宝玉挨打后，宝钗说"早听人一句话，也不至今日……据我想，到底宝兄弟素日不正，肯和那些人来往，老爷才生气"，这几句话说明宝钗认为宝玉是该打的。

生5：黛玉也这样认为的，（读）"半日，方抽抽噎噎地说道：'你从此可都改了罢！'"

生6：还有几处。袭人道："论理，我们二爷也须得老爷教训两顿。若老爷再不管，将来不知做出什么事来呢。"王夫人一闻此言，便合掌念声"阿弥陀佛"，由不得赶着袭人叫了一声"我的儿，亏了你也明白，这话和我的心一样。我何曾不知道管儿子……"

师：这一环节我们暂时告一段落，哪位同学总结一下刚才我们主要研究了些什么？

生7：我们研究了宝玉挨打的原因和众人对宝玉挨打的看法。

2. 相关文本比较

师：刚才我们研究了"写什么"的问题，下面我们一起来分析一下"如何写"的问题。大家已经认真阅读了课文，对课文内容有了较好的了解。现在我们一起来看一段录像。这是越剧《红楼梦》里有关"宝玉挨打"的片段。

（教师播放录像）

师：越剧《红楼梦·答宝玉》中的情节安排、人物表现与原作中的有什么不同？

生1：《笞宝玉》中，宝玉挨打的原因只剩下一条，那就是琪官事件。

生2：删去了王夫人哭宝玉再哭贾珠的内容。

生3：聋老婆子的一段插曲没有了。

生4：还删去了李纨听到王夫人哭贾珠后失声痛哭的情节。

师：不错，这都是删去的。知道改编者为什么要这么删吗？

（学生思考，一时无人发言。教师点拨。）

师：请大家注意小说与剧本的区别。

生5：是不是因为越剧演出一般只有个把小时的时间，不允许涉及大量复杂的情节？

师：很好，这是从时间角度考虑的。

生6：还有，小说比较自由，可以一会儿写到屋内，一会儿写到屋外，一会儿写到昨天，一会儿写到今天。剧本演出就不那么自由了。

师：（赞许地）大家知道吗？两位同学已经涉及戏剧理论的根本问题。戏剧理论中有一个"三一律"：在一天时间在同一地点演出一个完整的故事。因为舞台时间、空间的限制，《笞宝玉》中许多情节都删去了，虽然丰富性减弱了，但主线也因此凸显了。也算是各有利弊吧！刚才大家重点讨论的是改编者的删削。请问，《笞宝玉》中有没有增加什么内容呢？

生7：增加了贾政的一段唱词。

（有学生发笑，发言学生似乎有些窘迫。）

师：（充分肯定）大家以为这段唱词无关紧要吗？其实，这也是一段脍炙人口的唱词，与越剧《红楼梦》中"天上掉下个林妹妹""哭灵""林妹妹我来迟了"一样一直被人们称颂。（教师展示以下文字）——大家读读看，体会这段唱词道白有什么作用。

（唱）你，你，你，你不能光灿灿胸悬金印，你不能威赫赫爵禄高登，却和那丫鬟戏子结朋友，作出了玷辱门楣丑事情，不如今日绝狗命，免将来辱没祖宗，败坏家业弑父弑君。

（白）给我狠狠地打！老天，天啊，想我贾府诗礼缵缨之族，富贵功名之家，竟出了这个不忠不孝的孽子。

生8：我觉得这是贾政的心理活动。如果没有这段唱词，就难以体现他对儿子的极度失望、极度愤怒的心理。

生9：不仅仅是失望、愤怒，我觉得还有伤心，还有自责——好像愧对列祖列宗。

生10：这段唱词还暗含了宝玉的行为和父亲对他的期望背道而驰。

师：所以，接着贾政痛打宝玉也就有根有据了。现在，请这个问题的发现者总结这段唱词的作用。（教师示意生7）

生7：这段唱词，交代了人物心理，暗含了人物思想的冲突，还推动了情节的发展。

师：还有与原著不同之处吗？

生11：在原著中，贾母是先痛骂一顿贾政，然后再查看宝玉的伤势；《答宝玉》中却是先看宝玉的伤势，然后再斥责贾政不该如此痛打宝玉。

师：你觉得这样修改好吗？

生11：我说不准。不过我觉得不改也行，好像两种都不错。

生12：我觉得还是修改的好。

师：（饶有兴味地）说说理由？

生12：我觉得贾母既然那么疼爱宝玉，当看到宝玉被毒打的时候，按人之常情，她一定首先想了解宝玉伤势如何而不会想着先去骂贾政。而且当她看到孙子被打得那么严重，然后再痛骂贾政才合情合理！

（多数学生点头同意）

师：分析得多好啊！阅读文学作品就应该这样：抓住细微之处仔细品味，联系生活经验设身处地地体验人物情感，要走进人物的内心深处。

3. 读书笔记交流

师：最后，请大家用一句话表达自己阅读时感受最深的一点，然后由大家确定最有价值、最有兴趣的地方加以讨论。

生1：我感触最深的是"李纨的眼泪"。

李纨青年丧夫，抚养遗孤——绝对是"一肚子苦水"。不过，她从来不把自己的伤痛表露在外罢了。她能忍，她能熬，她能守，但是，这绝不代表"她不痛"！

果然——就在宝玉挨打之后，王夫人的一声哭喊——揭开了李纨的"心闸"！王夫人忽又想起贾珠来，便叫着贾珠哭道："若有你活着，便死一百个宝玉我也不管了……"王夫人哭着贾珠的名字，别人还可，唯有李纨禁不住也放声哭了。

这是我们唯一一次看到"李纨的眼泪"——你看李纨"禁不住""放声哭了"——这两个词，用得多好！"禁不住"——说明这个表面平静的寡妇，"忍耐了好久，压抑了好久"！"放声哭了"——说明这个表面平和的寡妇，"多么委屈，多么痛苦"！

我觉得——"最大的委屈"是一种"说不出口的委屈"！

我觉得——"最深的痛苦"是一种"不能言说的痛苦"！

生2：我对宝玉的体贴与黛玉的无奈感受很深。

宝玉挨打后，黛玉悄悄来探望。宝玉疼痛难忍支撑不住，还这样对黛玉说道："你又做什么跑来！虽说太阳落下去，那地上的余热未散，走两趟又要受了暑。我虽然捱了打，并不觉疼痛，我这个样儿，只装出来哄他们，好在外头散布与老爷听，其实是假的，你不可认真。"此时，林黛玉虽不是嚎啕大哭，然却是这等无声之泣，气噎喉堵，更觉得厉害，听了宝玉这番话，心中虽然有万句言词，只是不能说得，半日方抽抽噎噎地说道："你从此可都改了罢！"

宝玉虽疼痛难熬却还装出不在乎的样子来安慰黛玉，心里只记挂着黛玉单薄的身体怎么禁得住暑热。发自内心的怜惜就这样弥漫在宝黛之间，怎么不令敏感的黛玉感动呢？

黛玉与宝玉思想感情相通，从来不说仕途经济之类的"混账话"，然而此时她看着疼痛煎熬的宝玉，心中只希望他从此不再遭受老爷的毒打。唯一的解决办法就是让宝玉"改过"，黛玉说这话只是出于无奈。那一份深情在她心里千转百回，都化作一句话："你从此可都改了罢！"那是一份执爱的心，毫无做作而发自肺腑。

生3：我想说的是：我理解贾政，理解一个父亲的心！……

（学生反响强烈。教师示意学生安静，请该生暂缓发言，要求其他学生继续表达自己的看法。）

生4：我读了宝玉要聋老婆子搬救兵，聋老婆子的一段话让我感触很深。虽然只是她的打岔，但她表现出的态度让我震惊："有什么不了的事？老早的完了。太太又赏了衣服，又赏了银子，怎么不了事的！"对一个人的自杀竟然可以这么冷漠！

（学生似乎已经暂时无法提出问题）

师：大家的问题看来主要集中在这几点上了。刚才大家对第三位同学的观点反响最为强烈，这个问题比较复杂，他在课前曾经和我交流过，现在让我们一起来听听他的阐释。（教师示意生3发言）

生3：（胸有成竹地）初看《红楼梦》时，贾政给我留下了暴君的形象：实施家庭暴力、独裁专制、自私狭隘、无才无能……几乎一无是处！但细读了第三十三回，我倒是颇同情身为人父的贾政的一片苦心，他曾留给我的"恶魔化"形象也大大改观了。

首先，在这一章回里，贾政的主要身份是一位父亲，不同于在别的章节里的形象——在同僚面前，他是一个会耍手段的政客；在门客面前，他是礼贤下士的"伯乐"；在下人面前，他更是不可一世的"君王"……不管在哪一个场合，不管他多么娴熟老练地"变脸"，他的形象都是刻板、虚伪的，令人憎恶。所以有人说"贾政"就是"假正""假正经"！但是，这次被逼到墙角的贾政，关起门来痛打儿子，这面具也不用戴了，完全只是个愤怒痛心的父亲。且不管他在其他场合的作为，至少在这一刻，他就让我恨不起来——因为他是一位父亲。

请看，忠顺亲王府的长史官来见贾政，这一刻贾政还戴着官场应酬的面具，虽是惊疑但仍能赔着笑脸沉着应对。但待宝玉老实交代，长史官匆匆离去之后，这贾政"气得目瞪口歪"，接着就喝令拿下宝玉，开始行使一个父亲的权利了，恨铁不成钢的痛心浮于纸面。

待到贾环火上浇油地进谗后，这贾政先是"气得面如金纸"，然后见到宝玉是"眼都红紫了"，贾政望子成龙却不想儿子竟做下如此"败坏门风"之事，这时候贾政的心情是又羞、又恼、又恨、又痛，他的愤怒到达了理智难以克制的极限，唯一发泄的办法便是将宝玉痛笞一顿。不管贾政打得有多重，下手有多狠，贾政所承受的痛苦绝不轻于宝玉，作为一个父亲，在儿子身上打下一鞭就等于在自己心头抽了一鞭，是痛彻心扉的。虽然遭笞的是宝玉，但最痛苦的还是贾政。对于宝玉的无限期望及宝玉的不肖终使他痛下毒手，其实痛的还是他自己；而溺爱宝玉的王夫人和老太君却与贾政针锋相对，难堪的还是他自己。总之他落了个里外不是人。

这一节中贾政的辛酸、压抑和痛苦、失望都化作了泪水。"贾政听了这话，不觉长叹一声，向椅子坐了，泪如雨下。"这一句中省略了人物多少复杂的心理，一个"叹"，一个"泪"，一个苍老无助的贾政此时令人同情。不难想象他是如何跌跌撞撞地倒坐在椅上，以及浊泪无声地纵横在皱纹密布的脸上。这时的贾政既不是政客，也不是主人；没有藏奸，也没有傲气，只是一个失望无助的父亲，一个令人恨不起来的父亲。随着王夫人哭叫着贾珠的名字，"贾政听了，那泪珠更似滚瓜一般滚了下来"，这时的贾政更是一个念及亡子、心疼宝玉的父亲，他不是一个铁石心肠的人，能触动他内心最柔软最敏感处的还是珍贵的亲情。从这点来看，贾政还是一个重亲情、负责任的父亲，对于这样一位流泪的父亲，不能不体会他身为人父的一片苦心。

最后老太君出场，贾政是"又急又痛"，被太君痛斥后还得叩头哭着谢罪，身为人子的他全然又是一个标准的孝子。

第三十三回中的贾政，应该是个最本色的贾政，没有面具，唯有真性情。在这一回里，他既是一个严父又是一个孝子，承担着最多的痛苦和压力。贾政的泪水令人动容，可怜天下父母心。

第三十三回里的贾政无论如何也叫我恨不起来——因为他的泪水，因为他的苦心。

（学生鼓掌）

师：（举起该同学读书笔记）刚才他的发言，都来自他的读书笔记。这里记录了许多他阅读时的感受、体会。他善于用笔记下自己的心得，用笔整理、深化自己的心得。这是一种十分有效的阅读方法。希望大家向他学习。

初级版导读实录

师：《红楼梦》是我国古典文学的巅峰之作，被称为中国古典文学中的太阳。今天我们学习的《宝玉挨打》一课是《红楼梦》里重要的一章。这一章的故事非常简单，只是大家庭里的父亲责打儿子的一件小事，但这件小事却驾驭了全书，成为全书结构的重要关节点。

学习这一章节，我们需要完成三大任务：梳理情节、品味语言、尝试评点。

我们先来了解故事的大致情节。有人用十二个字来概括本章主要情节：山雨欲来、惊涛拍岸、余韵袅袅。先说说这三个词是什么意思，分别写了什么？

生："山雨欲来"说的是大事件即将爆发前的蓄势，体现了狂风暴雨即将到来前的紧张气氛。

师：能不能具体说说到底有哪几件事属于"山雨欲来"呢？

生：贾雨村来访，宝玉表现不佳让父亲生气。

生：还有，因为金钏儿的死激怒了贾政。

生：忠顺王府派人索要琪官让贾政又惊又怒。

生：另外，贾环的诬陷又为宝玉的挨打添了一把火。

师：很好。山雨欲来风满楼。这些都是大事件爆发前的蓄势。那么，"惊涛拍岸"与"余韵袅袅"又如何理解呢？

生："惊涛拍岸"比喻事情紧急。在小说中指的就是贾政痛打宝玉，这是文章的中心。

生："余韵袅袅"，说的是宝玉被打后的一些事情，是故事的尾声。而且，我从"余韵袅袅"四个字中感觉到这次事件的后果不会那么简单，可能还会产生一些长期的影响。

师：你的感觉非常准确！确实，宝玉挨打这一事件发生后，其影响一直延续到七十几回中的"抄检大观园"。大家以后阅读《红楼梦》原著，可以注意这一点。

刚才，大家已经把课文中的大致内容说清楚了。其实，小说的回目已经告诉了我们本章的主要内容了。请看，《宝玉挨打》在原著中的回目是：（投影）

相关链接之一：本章回目
手足眈眈小动唇舌
不肖种种大承笞挞

师：哪位同学能够解释一下这两句？

生：手足，指的是兄弟，大概是说宝玉和贾环虽然是兄弟，却没有手足情，而是虎视眈眈。"小动唇舌"的意思是指"搬弄是非"，于是导致宝玉挨打。

师："不肖"呢？

生："不肖"就是不争气，没出息。

师：那么宝玉到底有哪些"不肖"事？

生：不迷恋官场。

生：不用心学习。

生：天天和丫鬟混在一起。

师：这些在贾政看来都是不能容忍的事，是吗？那么，贾政到底希望儿子怎么样呢？

生：当然是像贾雨村那样会钻营，会往上爬咯！

师：宝玉可能做到这点吗？

生：不能。

师：那么这对父子之间的矛盾其实质到底是什么呢？

生：是两种不同的人生理想之间的冲突。

师：大家说得真好。这里我对上述内容也作了些归纳，我把各环节涉及的人物罗列在一起以便于大家理解。请看投影：

山雨欲来：金钏儿　贾雨村　琪官　贾环
惊涛骇浪：贾政　贾宝玉
余韵袅袅：王夫人　贾母　袭人　宝钗　黛玉

师：其他情节内容我们不再讨论。现在我们来看看作品的语言。请大家把书本合上，我们通过投影来看课本上的一段文字，请同学们在下面一段话中的括号内填入你认为最合适的词语。（投影）

贾政一见（宝玉），眼都【　】了，只喝令"堵起嘴来，着实打死！"小厮们不敢违拗，只得将宝玉按在凳上，举起大板【　】打了十来下。贾政犹嫌打轻了，一脚踢开掌板的，自己夺过来，咬着牙狠命【　】了三四十下，众门客看打得不【　】了，忙上前夺劝。

师：我们逐一来品评一下。先看贾政的"眼"。
生：（七嘴八舌）红、绿（说到"绿"学生哄笑）、直……
师："眼红""眼直"有什么区别？
生："直"显得有点痴呆，"红"表示贾政的极度愤怒，"绿"是不是有些妖魔化了？
师：这么说，大家比较赞同"红"了？
生：（齐声）是的。
师：那么我们看看原著中写的是什么吧！（教师打出"红紫"，学生立刻发出赞叹声！）

我从大家的反应中就知道各位已经将这几个词语分出高下了。请一位同学说说。

生：我觉得用"红紫"确实比用"红"好。因为这时非"红紫"不足以表现贾政当时的愤怒，"红紫"二字似乎让我们看到贾政早已被愤怒烧红了眼睛，已经失去了理智，所以才会有下面不顾一切地痛打宝玉！（学生点头赞同）

师：让我们再看一看小厮们打宝玉和贾政打宝玉两处括号中该用什么动词。

生：打、敲、捶、冲、打、砸、轮……

师：（在学生说出一连串动词后再次展示投影）请大家自己比较比较吧！

（小厮）举起大板【打】了十来下……（贾政）咬着牙狠命【盖】了三四十下。

生：小厮的"打"，非常普通，其实就表明小厮们一方面不敢违背贾政的命令不得不打，一方面又确实怕打坏宝玉不敢下手的心态，因此，只是敷衍了事地打一打。

师：那么，"盖"字又有什么特点呢？

生："盖"表示打的面积大。

生："盖"还有胡乱打的意思，让我们好像看到贾政不管三七二十一乱棍打下的样子。

生：如果再加上前面"咬着牙狠命"几个字，"盖"字就显得打得程度极其严重，显然贾政已经失去理智，陷入狂怒之中，所以下手才会如此凶狠。

师：非常好！经过贾政这一番痛打，宝玉状况如何呢？我们来看最后一个括号。

众门客看打得不【　】了，忙上前夺劝。

生：填"好""行""妙"……

师：（出示"祥"字）比较一下用"祥"字到底能够产生什么效果。

生："不祥了"就是"不行"嘛！

师：是吗？如果你在操场跑了3000米，累坏了，你会说"啊，我不行了"，还是说"啊，我不祥了"呢？

生：（大笑）"不祥"就是不吉祥，后果相当严重甚至有生命危险。贾政打亲生儿子会打到"不祥"，说明他确实是愤怒到失去了理智。

师：大家看看，就这么一小段文字中的四个词语，里面就有如此趣味。大家以后读书可要细细体会！（学生信服地点点头）

下面我们进入一个新的环节——小说评点。（投影）

【评点内容】
课文中的一个字，一句话，一个细节，一段插曲，一段对话……
【评点要求】
（1）指出自己要评点的内容。
（2）为自己的评点拟一个小标题。
（3）简要说明自己的理由。
【评点示范】
（1）我要评点贾环陷害宝玉这一情节。
（2）我拟定的题目：相煎何太急。
（3）我的基本看法：贾环害怕父亲的责打，抓住机会，将贾政的怒火撒到宝玉身上，陷害自己的哥哥如此不假思索，如此驾轻就熟，让人不寒而栗。你再看他，话说一半，吞吞吐吐，"回头四顾一看"俨然一个小小阴谋家。难道这就是大家族中的手足之情？为什么本应该充满温馨的亲情在这里变得丑恶不堪？为什么本该相濡以沫的亲情竟然演化为你死我活的争斗？

（学生认真翻阅课文，或陷入沉思，或提笔书写。10分钟后，有学生发言。）

生：我要评点王夫人为宝玉挨打哭泣这一情节。

我拟的标题是"母爱的真实性？"我的基本看法是：王夫人对宝玉固然是

疼爱的，这里面有母子骨肉之情。但是，后来她大哭时哭出的一句话让我觉得王夫人对宝玉的情感掺杂了一些利害因素。比如说这一句——（王夫人）大哭起来，"苦命的儿！"因哭出"苦命的儿"来，忽又想起贾珠来，便叫着贾珠哭道："若有你活着，便死一百个我也不管了。"这就等于说如果有贾珠，宝玉就不重要。但现在只有宝玉一个儿子，那么一旦宝玉死了，她在府中的地位就动摇了。

师：哦，你是说王夫人把母爱与私心加一块了。

生：我想评点薛宝钗探望宝玉这一情节。我拟订的题目是：工于心计的宝姑娘。至于理由我还没有怎么想好。我只是觉得林黛玉来探望宝玉是诚心的，宝钗来探望就有点装模作样。

师：你的感觉很准确啊！当然我们还要在文中找到根据。文中有一个"托"字很有意思，请大家来体会体会"托"是什么意思？

生："托"就是用手向上承放物体。

师：因为宝玉挨打受伤严重，宝钗前去送药。送药为什么还要"托"着呢？拿着不好吗？

生：还不是为了让别人看到嘛！

师：大家知道在大观园中，宝钗和宝玉的住处分别在哪里吗？（生摇头）宝钗的蘅芜院在大观园的西北角，宝玉的怡红院在东南方，薛大姑娘就是从北至南，一路就这么"托"过来（教师做宝钗托药行路状，生大笑），很招摇吧。（面向刚发言的学生）现在请你再说一说。

生：宝钗托着药探望宝玉，就是带着道具来的，她好像在向大家申明：第一，我是来给宝玉送药的——显示自己对宝玉的关心；第二，我来探望宝玉只是专程送药，并没有其他意思——这又能避嫌。所以我说宝钗比较工于心计，做人就像在演戏。相比之下，黛玉只带着一双哭红的眼睛来探望，只带了一颗心悄悄地来悄悄地去，更显得情真意切。（学生鼓掌）

师：这样的评点才是有理有据有说服力的！最后，我想请大家一起来评点一个人物，就是这一大事件的主角——贾政！我们采取给人物打分的方式来评点。如果按百分制来评价贾政,你会给他打多少分呢?说说你的理由。

生:我打 85 分。因为作为父亲,他对儿子的爱比较深沉,这种爱是强烈的、真挚的。但是,他不会与儿子沟通,只会把自己的期望强加于儿子而不考虑儿子的感受,方式不太好。但是,我在总体上肯定贾政。

生:我只打 60 分。这个贾政,脑子里充满传统意识,他心里肯定认为儿子不打不成材!但只是打是不会有什么效果的。比如说我吧,我被我爸从小打到大,但我觉得没有好的效果。(众生笑,见该生动情,同学表情开始严肃)我非常渴望父亲与儿子如同朋友般亲密相处。所以,我不赞同贾政的教育方式。虽然我理解打儿子也是一种爱,但这这种爱实在不妥当。所以我只给及格分。(众人鼓掌)

生:我打 80 分。我用的是扣分制。第一,贾政采取封建传统方式来教育儿子,没有因材施教,扣 10 分。第二,打儿子也不是不可以,但不能过分,贾政打得太厉害,再扣 10 分。考虑到贾政的动机不错,所以给他一个良好分数。

生:我打 90 分。俗话说"棍棒之下出孝子""子不教,父之过"。有的孩子就是要打才有效果。我就是挨我爸的打才改掉许多坏毛病的。我不满意的是贾政的教育最后居然因为贾母的干涉而妥协。这就是家长教育理念不一致导致孩子学会投机取巧。所以我只给他打 90 分,否则我打 100 分。

生:我打 59 分。(师插话——不及格了)贾政打宝玉只是因为他觉得宝玉有损贾家颜面和他在官场上的名誉。他打儿子并且往死里打,可以看出他把颜面与名誉看得比儿子还重要……

师:《红楼梦》是说不完,道不尽的,今天我们了解的只是冰山的一角。但是,这一节课大家提出了一个非常有意思的话题,那就是——"贾政究竟是不是一个好父亲?"对此大家发表了许多有见地的意见。其实,大家不知是否意识到:在《红楼梦》这部巨著中,存在一个"父亲缺位"的现象?如果大家感兴趣,不妨研究研究书中其他人物的父亲。希望同学们课后能够再细细品读这本巨著。

课例比较分析

上述两个课例实录都是我开展《红楼梦》整本书阅读教学过程中所开设的导读课。由于教师面对的学生差异较大：一个班级已经阅读《红楼梦》达半年之久，多数学生对《红楼梦》非常熟悉，并且解读也十分深入；一个班级是教师临时借班上课，不少学生此前并没有阅读《红楼梦》全书，总体解读相对流于表层。

面对完全不同的学情，教师开展整本书导读时，究竟应该如何设计呢？

我以为，本课教学应该分为两个维度。

1. 文本维度

《红楼梦》是一部皇皇巨著，但是，在一堂课中如何指导学生阅读呢？

整本书阅读教学指导的关键在于：教师要根据文本特点，引导学生借助章节片段走向对全书的理解。显然，这时只能采取"弱水三千只取一瓢"的策略。

于是，我选择了书中"宝玉挨打"这一章节。因为"宝玉挨打"是《红楼梦》中的一出重头戏。并且"严父教子"这类事件也在传统中国家庭中屡见不鲜，不过，曹雪芹天才的笔下却写得那样波澜起伏、曲折有致，写得如此错综复杂、精彩纷呈，令人叹为观止。

"宝玉挨打"一节在情节结构的布局上，人物形象的塑造、思想感情的表达上，都具有很高的水准。这一章节，其实完全符合《红楼梦》"伏脉千里、草蛇灰线"的布局结构艺术，教师可以借这一章有关故事，前后勾连，引导学生达到对全书情节、笔法、主题的深层把握。

2. 学生维度

教师尊重学生的个性及独特体验，引导学生以自己独特的视角去解读、品味，营造氛围让学生畅所欲言，不求面面俱到，唯愿有所感悟。

须知，文本维度是确定的，而学生情况却是变动不居的，教师应当根据学生的实际情况调整教学的难度和节奏。因此，一堂比较合理的课应该在这两个维度间找到一个合理的平衡点。为此，上述两个实录就是针对不同学生进行不同设计的结果。于是，就有了高级版和初级版两个不同的教学版本。

"高级版"面对的对象是我开设"《红楼梦》导读"选修课的学生，既然他们在课前对文本已经比较了解，阅读有了一定的深度，因此，在教学中就可以宕开去，让学生比较对于同一个事件的处理，影视作品与小说文本究竟有何不同，在比较中使学生意识到不同艺术形式的不同表达方式和表达效果，同时也是在提醒学生仔细体会文本以及作品中的细节。

至于"交流读书笔记"更是难以复制的教学环节。

我在开设选修课时尤其重视学生撰写读书笔记，要求学生认真记下阅读中的独特感受。后来，吉林大学校长、古典文学专家刘忠树先生在读到前一课例学生论贾政的那篇读书笔记后，赞不绝口，认为该生读《红楼梦》读出了真味。

在此基础上的课堂教学实际上只是课下阅读体会的交流而已，因此，这样的课堂的深度和容量是难以模仿复制的。当然，这样的课堂也比较随意，几乎不加修饰。

而初级版则是我 2004 年 11 月前往扬州"新教育·新课堂"会议献给大会的一堂示范课。由于是借班上课，课前无法接触学生，不知学生的深浅，在设计上就自然会降低难度，自然要设法为学生搭桥铺路。因此，我设计了一些辅助性的手段帮助学生理解文本。例如，引用古人对小说情节的评述语句帮助学生理解，确定一种固定的表达方式要学生按格式回答，要求学生就文中的一个词、一句话加以点评，给贾政打分。课堂虽然显得比较热闹，但容量及深度却打了折扣。不过，这绝不是说这样做就降低了课堂效率。适当减少教学容量、控制教学深度有时恰恰是为了提高教学效果。因为教学效率的评价要通过学生的理解内化才能实现。

在初级版实录中，还有一个课后作业环节：学生在阅读"宝玉挨打"的故事之后，展开了对贾政这一父亲形象的讨论。这其实只是整本书阅读教学的一个"关键点"，随后的教学，教师提出一个重要主题——"父亲缺位"的话题，要求学生阅读分析《红楼梦》一书中其他的父亲形象。这一环节，虽然只是一个作业，却起到了两个作用：总结、升华了这堂课的阅读内容，更重要的是引导学生从这一章故事阅读走向对全书的阅读。这才是整本书阅读不同于一般单篇阅读之处。

那么，问题随之而来。为什么在高级版教学中没有这一环节呢？

这又与学情密切相关。如前所述，由于高级版教学所面对的学生是我开展《红楼梦》整本书阅读达一年之久的学生，他们对这些内容已经较为熟悉，甚至"父亲缺位"这一话题，学生在读书笔记中早已提出。因此，面对这样的学生，我的教学指导主要侧重于对全书的深度解读和不同媒介的跨界阅读。

这两个实录其实并无高下之分。因为任何教学设计一旦脱离学生实际就毫无价值。只有根据学生实际为学生量身打造的课堂才是有意义的课堂。

当然，其中也有完全一致的地方。例如，对于小说回目的分析这一环节，两个实录几乎相同。因为阅读章回小说，关注回目实在是一项基本的要求。

核心技术三

提供策略支援

一、细读策略

整本书阅读必须让学生直接与语言文字做最本色的接触，让学生通过言语表达把握全书的精髓。没有这一点，思想、情感的培育都无从实现。张志公先生对此曾有专门论述。

阅读教学，其特定职责是"教给学生阅读的方法，进行种种的阅读训练，以培养学生具有比较高的阅读能力"。当然，阅读教学还具有思想教育、语言教育、知识教育、思维训练等目标。但是，如果没有基本的解读训练，上述各项目标都无法实现。张志公先生还以战争为例说明这一点。打下一个要塞可以产生各种作用，有政治作用，有军事作用，也有经济作用……但是，前提是你必须攻下这个要塞，否则一切免谈。

阅读方法多种多样，方法本身并没有高下之别，优劣之分。

整本书阅读的第一目标，是培育学生"细读"全书的能力。这一判断是有其基本理据的。

阅读教学教什么？目前比较一致的观点是：阅读教学的核心内容是引导学生把握文本言语形式。20世纪前期，朱自清就对言语形式给予了高度关注，可惜这一深刻认识很长时间没有得到足够的重视。朱自清认为：文章的修辞语汇、组织结构和作者的旨意是无法分割的。长期以来语文教学一直忽略语文自身的内涵而倾向于思想意识，阅读教学一直对字义、词汇、句式、段落、结构等言语形式极度漠视。朱自清曾经批评教师阅读教学的常见做法："往往只注重思想的获得而忽略语汇的扩展，字句的修饰，篇章的组织，声调的变化等。只注重思想而忽略训练，所获得的思想必是浮光掠影。因为思想也就存在语汇、字句、篇章、声调里；中学生读书而只取其思想，那便是将书里的话用他们自己原有的语汇等等重记下来,一定是相去很远的变形。"[1]他强调,阅读教学必须"从词汇和比喻的选择,章句和全篇的组织,以及作者着意和用力的地方,找出那创新的或变古的、独特的东西,去体会,去领略,才是切实的受用"[2]。

汪曾祺同样非常重视文本言语形式。他说:"语言不只是一种形式,一种手段,应该提到内容的高度来认识。读者读一篇小说,首先被感染的是语言。我们不能说这张画画得不错,就是色彩和线条差一点;这支曲子不错,就是旋律和节奏差一点。我们也不能说这篇小说写得不错,就是语言差一点。这句话是不能成立的。可是我们常常听到这样的评论。我认为这种说法是不能成立的。语言不好,小说必然不好。语言不是外部的东西。它是和内容(思想)同时存在,不可剥离的。语言不能像桔子皮一样,可以剥下来,扔掉。……世界上没有没有语言的思想,也没有没有思想的语言。语言的粗糙就是内容的粗糙。"[3]

因此,合宜的阅读教学内容必定在言语形式之上。文本细读,能够有效促使学生具备解读言语形式的能力。细读,既可以从细微处入手,着眼于音节、重音、单词、语句这样构成文本的小型单位,也可以从语句的排列、段落的顺序、全文的叙述这样的大型文本单位入手进行文本分析。

细读是一种本色阅读。细读的基本目标是:凝神屏气、心无旁骛地与文字直接对话,细读教学旨在培养学生对语言文字敏锐的感觉。

需要强调的是:本书将培育细读能力作为整本书阅读教学的核心目标,这并不意味着我们忽视整本书阅读在情感态度价值观维度上的重要作用。本书大力倡导细读这一文本解读方式,并不意味着我们排斥其他阅读方式,不意味着我们试图用细读取代其他阅读方式。

---

[1] 朱自清.文心·序[M]//夏丏尊.夏丏尊文集.杭州:浙江文艺出版社,1983.
[2] 朱自清.再论中学生的国文程度[M].北京:教育科学出版社,2007.
[3] 汪曾祺.中国文学的语言问题——在耶鲁和哈佛的演讲[N].文汇报,1988-1-16.

《红楼梦》片段细读示例

在开展《红楼梦》整本书教学过程中，在注重整体分析全书的导读之后，对学生的问卷调查引发了我更深的思考。学生普遍反映自己阅读《红楼梦》最大的困惑是语言问题，学生表示：都说《红楼梦》是中国文学的巅峰之作，但书中很多语言读起来也很普通很平常，不知道究竟好在哪里。

我知道，那种可以一眼看到的华丽表达往往被学生认为是好的语言，而那些繁华落尽、味道醇正的语言学生却大多体会不出。我必须在《红楼梦》中发掘汉语的无限魅力。

于是，我在导读之初，让学生把自己觉得最无趣的一段文字挑选出来，让老师作示范解读。结果，学生选出了《红楼梦》第三回的这一段看起来毫不起眼的文字。

雨村一面打躬，谢不释口，一面又问："不知令亲大人现居何职？只怕晚生草率，不敢骤然入都干渎。"如海笑道："若论舍亲，与尊兄犹系同谱，乃荣公之孙：大内兄现袭一等将军，名赦，字恩侯，二内兄名政，字存周，现任工部员外郎，其为人谦恭厚道，大有祖父遗风，非膏粱轻薄仕宦之流，故弟方致书烦托。否则不但有污尊兄之清操，即弟亦不屑为矣。"雨村听了，心下方信了昨日子兴之言，于是又谢了林如海。

这段文字乍看十分普通，但细细品味却韵味无穷。于是，我尝试写出了自己的解读。第二天在课堂上与学生交流自己咀嚼文本语言的心得。

"雨村一面打躬，谢不释口"——这是贾雨村吗？想当初，甄士隐见雨村贫寒无力进京应考，赠送了"五十两白银，并两套冬衣"，雨村则"收了银衣，不过略谢一语，并不介意，仍是吃酒谈笑"，那时的贾雨村是何等清高自重！如今，却做出这般感激涕零的姿态。这是什么缘故呢？是雨村原本就是势利眼——对甄士隐馈赠不以为意，却对林如海的荐举感激不已呢，还是经过宦海波折之后此时已经十分看重功名富贵了呢？这是需要品味的地方。

（雨村）一面又问："不知令亲大人现居何职？"——雨村此问委实奇怪。前一回冷子兴演说荣国府时已经详细介绍了贾府为官状况，此时雨村为何再次询问？这不是雨村的糊涂，恰是其精明过人之处。试想，冷子兴不过是贾府管家之女婿，他对贾府的介绍雨村未必全信，而举荐复职兹事体大，雨村自然需彻底打听清楚方才放心。果然，当林如海介绍完毕，文末写道："雨村听了，心下方信了昨日子兴之言。"一句问话泄露内心，由此可知此人心思缜密。如此前后照应之处，读者岂能置之不顾？

再看林如海的一番回答：——对于贾赦，他只简单介绍官职，不作任何评价；对于贾政，如海则是称赞有加。这一差别说明了什么？其实，就人之常情来看，不评价其实也是一种评价。贾赦是贾府中的老流氓，作为妹婿，如海虽然不以为然，但却不好议论，于是只有避而不谈；但他对贾政的由衷称道却暴露了他的基本态度和情感倾向。

从全书布局角度看，这一段对话的作用也非同小可，它为后来贾雨村的飞黄腾达奠定了基础，为故事的推进作好了铺垫。

这一次文本细读的示范指导，给学生带来了极大的震撼。学生真切地意识到，原来许多好文句需要这样细细品读，原来细读之后可以带来这样丰富细腻的感受。一个全新的世界由此打开。

由此看来，文本解读，既是语文教师提升自我水准、开展教学活动的重要路径，也是提升学生阅读能力、培育学生语文素养的主要渠道。

《西游记》片段细读示例

全国第七届青年教师阅读观摩活动上，《猴王出世》一课的教学引起了众多老师的关注、思考与讨论。这是一个整本书阅读教学中关注文本细读的典型课例，该课例能够给我们带来丰富的启示。

文学作品的整本书阅读教学，必须突出品味语言这一重点目标。没有这一重点，教学就容易流于漂浮，就无法体现文学作品的魅力。另外，作为一篇古白话小说，在文本细读之际，还需要注重对特有的语言表达方式的体会、揣摩。

我们特选录这一文本细读的教学片段以及执教者的教学反思，希望这一课例能够让我们领悟到文本细读对于文学作品整本书阅读的重要性，也希望能够借此领悟一些整本书阅读教学策略。

《猴王出世》教学实录[①]

浙江省金华师范学校附属小学　王春燕

师：课文前面的"阅读提示"中有这样两个问题：石猴是从哪儿来的？又是怎样成为猴王的？你思考过吗？下面请大家快速浏览课文，在关键的语句下面画一画。待会我们交流。（学生自学）

师：石猴是从哪儿来的？谁能用文章中的话告诉大家？

生：（读）盖自开辟以来，每受天真地秀，日精月华，感之既久，遂有灵通之意。内育仙胞，一日迸裂，产一石卵，似圆球样大。因见风，化作一个石猴。

师：你们跟她找的一样吗？（生举手）简单说，这猴子是从——

生：（齐答）石头里迸出来的。

师：了解了石猴的出生，你想用一个什么词来形容他？

生：神奇。

生：奇妙。

生：非同一般。

师：他是怎样成为猴王的呢？谁能用自己的话来说？

生：石猴因为自己有本领，帮助众猴找到了水源，使它们有安身之处，众猴就履行自己的诺言，拜他为王，可以说他是凭着自己的本事成为猴王的。

师：这个本事，说具体一点儿，就是什么？

[①] 转引自郭利萍．略读耶？精读耶？——关于《猴王出世》一课教学的讨论[J]．课程·教材·教法，2009（1）．

生：在这里是指他能进到洞里又出来，并能带给大家一个安身之外。

师：回答得非常完整。石猴敢于第一个跳进水帘洞，又能安然无恙地出来，成就了他当王。读到这里，这石猴又给你留下怎样的印象？

生：石猴"勇敢"。

生：石猴一心为公。

生：石猴非常勇敢，而且自信。

师：同学们，一进，进出了一个石猴；一跳，跳出了一位猴王。这猴王的形象已经活灵活现地留在了我们的脑海里。那么，吴承恩先生是用怎样的语言把它写出来的呢？请同学们自由地放声读读第一自然段，感受感受。

（学生自由朗读第一自然段，细读语言，深入感悟猴王形象。）

师：你觉得哪一句话写石猴写得特别生动？

生："那猴在山中，却会行走跳跃，食草木，饮涧泉，采山花，觅树果；与狼虫为伴，虎豹为群，獐鹿为友，猕猿为亲；夜宿石崖之下，朝游峰洞之中。"

师：有同感的请举手。（生都举手）我们一起来读读。

（课件出示这句话。生齐读。）

师：读着这样的句子，你仿佛看到石猴在干什么？

（生交流）

师：这花果山就是石猴的什么？

生：家！

师：快乐老家，自由天堂！谁再来读这句话？读出他的快乐，读出他的自由！（指名一生读）

师：谢谢你。同学们，请你们把目光聚焦在语言文字上，从"怎么写"的角度，你们发现了什么秘密？

生：我觉得这段文字用了排比的修辞手法。

师：你能把这个排比句读给大家听吗？

生：（读）"食草木，饮涧泉，采山花，觅树果；与狼虫为伴，虎豹为群，獐鹿为友，猕猿为亲。"

师：你发现了四百多年前的两个排比句，真了不起！同学们，吴承恩先生写石猴，遣词造句非常讲究，里面有很多秘密。我们随着他的发现，走进去看一看。（课件出示第一分句："食草木，饮涧泉，采山花，觅树果。"）同学们自己读读，你还能发现什么？

（学生自读）

生：我发现每句话都是三个字，前一个字是动词，后两个字是名词。

师：真是大发现呀！写的都是石猴的动作，如果把它读出来，会是一种什么样的节奏呢？

生：（读得较慢）"食草木，饮涧泉，采山花，觅树果。"因为猴子在山中快乐地行走着，非常活跃，所以要读得有激情。

师：对啊！很有激情很活跃，那你为什么读得像打太极拳一样呢？请你再试试。

（生再读）

师：有进步。谁能让石猴的身影在我们眼前跳起来？（指名读）

师：你的声音很好听，可我怎么也没有听出石猴在山上行走、跳跃的感觉！我也来读一读，好不好？

生：好！

（师范读，语速稍快，节奏跳跃。）

师：你们也这样读一读。

（学生自由读）

师：我看到这位男同学读的时候还带着动作，很有感觉。你来给大家读一读。

（生再读，读出了轻快、跳跃的感觉。）

师：这石猴跳起来了，我们一起来试试吧！

（生齐读）

师：同学们，三个字的短句，具有跳跃感，让石猴在字里行间跳起来、动起来了！往下读，你还会有发现，自己试试看。

（课件出示第二分句："与狼虫为伴，虎豹为群，獐鹿为友，猕猿为亲。"学生自读。)

生：我发现这是个四个字的排比句。

师：这四个字是随便排列的吗？

生：我还发现，前两个字都是一些动物，后面一个字是石猴和别人的关系。

师：这些动物是石猴的——

生：是石猴的亲戚朋友。（众生笑）

师：是哪些动物？

生：狼虫、虎豹、獐鹿、猕猿。

师：你们有没有发现这个"虫"字？这个"虫"，可不是我们玩的毛毛虫，知道是什么吗？是长虫，知道是什么了吗？蛇！（生发出惊讶的声音）

师：这石猴与狼虫——

生：为伴。

师：虎豹——

生：为群。

师：獐鹿——

生：为友。

师：猕猿——

生：为亲。

师：这是一只怎样的石猴呀？请你把他读出来。

（指名两生读，读得很有感情。）

师：同学们，往下读，更有意思了！（课件出示第三分句：夜宿石崖之下，朝游峰洞之中。）自己读读看，你又发现了什么？

生：它们就像诗一样，对得非常整齐。

师：一对对子！你们经常诵读古诗文，一定有感觉，我们来对一对。夜对——

生：朝。

师：宿对——

生：游。

师：石崖之下对——

生：峰洞之中。

师：谁能读出这样的石猴？

生：（带着古诗文的韵味读）夜宿石崖之下，朝游峰洞之中。（众笑声、掌声。）

师：你们真是太厉害了，让我们一起来读。

（生齐读，效果不错。）

师：如果把这三个分句连成文中的长句子，你还能读好它吗？自己先试试。

（学生练习）

师：谁向我推荐一位？自告奋勇也行。（指名读）

师：最后一句读得最好。这三个分句，第一个分句要读得跳跃些，老师建议你读后吸一口气，再读下面的句子。

（生再读。全场掌声。）

师：非常非常好！同学们，我们一起来读这一段好不好？我来起头，你们接着读。

师："那猴在山中，却会行走跳跃，——（生接读：食草木，饮涧泉，采山花，觅树果；与狼虫为伴，虎豹为群，獐鹿为友，猕猿为亲；夜宿石崖之下，朝游峰洞之中）。"

师：读到这儿，你读到了一个怎样的石猴？拿出笔，在这个句子边上写下批注，写过批注吗？把关键词语记在旁边。

（学生默读、批注。）

师：我来了解一下，你写的是——

生：友善。

生：活泼。

生：有亲和力。（众生笑）

生：活灵活现。

生：活泼可爱。

师：老师也写一个（板书：顽皮可爱）。同学们，作者写作的是活泼、跳跃的石猴，用的语言也非常短促、跳跃、有节奏。反过来说，正是这样的语言，让我们读到了一个顽皮可爱、活泼跳跃的石猴。内容与语言高度融合，这就叫经典。下面，就请同学们自己研读第二个问题，读——（课件出示"阅读提示"中的问题。）

生：（齐读）课文是怎样写"石猴成为猴王"的？

师：请你抓住一两个关键的句子进行研读，用心体会语言的秘密，做下记号，待会儿我们进行交流。

（学生自主研读，同桌讨论。）

师：我看同学们都很有收获，谁愿意和大家交流一下？不要怕出丑，要勇敢。

生：我找到了这一句："哪一个有本事的，钻进去寻个源头出来，不伤身体者，我等即拜他为王。"连呼了三声，忽见丛杂中跳出一个石猴，应声高叫道："我进去！我进去！"他瞑目蹲身，将身一纵，径跳入瀑布泉中，忽睁眼抬头观看，那里边却无水无波，明明朗朗的一架桥梁。

首先，从这么多的语句中，我感到，吴承恩在写这里的时候用了拟人的手法。猴子是不会说人语的，但是他却把人语用在了猴子身上，他把这个猴子说得活灵活现。再加上"他瞑目蹲身，将身一纵，径跳入瀑布泉中……"这里的"瞑目蹲身，将身一纵"和"跳"字把石猴的动作描写得十分生动。（众掌声）

师：我要拜你为师！（众笑）你姓什么？

生：周。

师：周老师，请坐。（众笑）

师：好，我们把这句话读一读，再来感受感受。

生：（齐读）连呼了三声……径跳入瀑布泉中。

师：刚才他说得非常好，我还想建议你们再读读猴子的语言，读读他说的话，看看有什么新的发现。

生："我进去！我进去！"

师：你们发现了什么？

生：这猴子非常自信，感到对这件事情很有信心。（众笑）

生：他很有活力，我进去，我就一定能！（掌声）

生：他觉得自己无所不能，我进去，我就一定能出来。我就是猴王了！（众生笑，掌声。）

师：如果换一种写法，还会不会有这样的感觉呢？读读看。（课件出示，改成：我进去吧！我进去吧！）

生：我感到那好像是强人所迫。

生：我感到他犹豫不决。

生：我感到他是被逼着进去的。（众生笑）

生：我感到他没刚才那样自信。

师：是呀，这话一听就不像是从石猴的嘴里蹦出来的！让我们再读课文里的语句。"连呼了三声……"读！

（生齐读）

师：难怪有一位大师说，一流作品与二流作品之间的区别，往往只差几个字！同学们，像这样描写石猴的语言——短促、重复，文中还有几处，大家读一读，再感受感受。

（学生自由跳读课文，感受石猴的语言特点。）

生："石猴喜不自胜，急抽身往外便走，复瞑目蹲身，跳出水外，打了两个呵呵道：'大造化！大造化！'"

师：同学们，什么是"大造化"？

生：在这儿指福气和运气。

师：大家都有福气了，不用再受老天之气了。怎么读呢？

（生有感情地齐读此句）

生："众猴把他围住，问道：'里面怎么样？水有多深？'石猴道：'没水！没水！'"

师：一听就是石猴的语言。

生："石猴却又瞑目蹲身，往里一跳，叫道：'都随我进来！进来！'"

师：请你关注这个"都"字，可以加上动作，再试试。

生:"都随我进来！进来！"（做动作）

师：像不像猴王啊？

生：像！（笑）

师：让我们一起来一遍，加上动作。"石猴却又瞑目蹲身，往里一跳，叫道……"

生：（边做动作边读）"都随我进来！进来！"

师：读到这里，你又读到了一个怎样的石猴？请你在相关的句子边上写下批注。

生：我读到了一个自信、有勇气、毛遂自荐的石猴。

生：我读到了勇敢。

生：我读到了大胆。

师：我们每个人都读到了自己心中的石猴。我也写一个。（师板书：敢作敢为）

（总结提升，整体把握猴王形象。）

师：（边总结边板书）同学们，读了《猴王出世》，我们每个人的心中都有了自己的猴王形象，他不仅仅是一个猴子，顽皮可爱；他更像一个人，敢作敢为。如果你走进《西游记》，会更强烈地感受到，他是一位神，他神通广大，神异出众！喜欢这样的猴王，真的不需要理由，这就是经典的魅力！

在这篇经典名著里，语言的珍珠随处可见。请同学在最后一点时间里，挑选自己认为最精彩的语言读一读，背一背。

（学生自由朗读、背诵。）

【教师反思】

我抛开了原先"内容—形象"的套路，紧抓经典名著的语言表达，整堂课以引导学生感知、品味、领悟课文语言体现于节奏、韵律、结构等方面的特点为主线，培养学生对文学作品的鉴赏力，从而体验由此带来的阅读快感，激发学生阅读名著的兴趣。

例如石猴进洞之前，"应声高叫道：'我进去！我进去！'"，按照我原先重内容的思路，把它改成"让我进去吧！让我进去吧！"也无不可，因为内容大致不差。但着眼于形式，我就发现，在彼时彼境中，石猴只会用这种简短有力的句子来表达他进洞的果敢和急切，而绝对不会前有"让"后有"吧"。这才是真正的语文本体。再如，《猴王出世》中另一段文字："那猴在山中，却会行走跳跃，食草木，饮涧泉，采山花，觅树果；与狼虫为伴，虎豹为群，獐鹿为友，猕猿为亲；夜宿石崖之下，朝游峰洞之中。"如果只停留在课文内容上，那么，这个句子完全可改写为："那猴在山中，却会行走跳跃，吃的是草木，饮的是涧泉，采集山花，寻觅树果；与狼虫结伴同行，与虎豹成群结队，獐鹿是他的朋友，猕猿是他的亲人；晚上住在石崖之下，早晨游走在山洞之中。"这样改写，粗粗地看，内容并没有什么变化。那么，是不是可以说，改编版与经典原著是一回事？很显然，不是！原著中简洁的短句，富有节奏的韵律，匠心独运的语言形式，与石猴活泼跳跃、顽皮可爱、机灵敏捷的形象特点高度融合。只有这样的语言，才让我们读到了这样一只特别的石猴！相比较而言，改编版中拖沓的长句，对体现石猴的形象特点，效果相差十万八千里。

所以说，离开了"形式"，不但不可能真正理解"内容"，只会停留在大体如此的表面上而无法深入，更不可能从中领悟运用语言的技巧，学习运用语言的本领。

语文教学由重"内容"转变为重"形式"，不单是让学生去真切感受课文内容、人物形象、作者情感、文化内涵，而是必须让学生通过学习，培养起关注课文是如何运用语言文字的兴趣，使这种兴趣逐渐变为习惯，从而促使学生的语文素养得到提升。

二、文体策略

近年来,研究者越来越认识到:文体是文本形式的划分,是"文字的体制""文章的体制";没有文体,阅读与写作都将无章可循,阅读与写作教学也一定不得要领。在语文教学中,"文体感"甚至比"语感"更重要。因为阅读与写作本质上都是文体思维。[①]

诗歌阅读必定不同于小说阅读,传记整本书阅读也显然不同于历史整本书阅读。有效的整本书阅读教学必须教会学生依据不同文体采取不同的阅读策略。

整本书阅读中,小说阅读通常最受学生欢迎。小说整本书阅读,必须充分依据小说文体特征对学生进行有效的指导。此时的文本解读,必须研究文体特征。在开展小说整本书阅读教学过程中,我主要依据小说文体特征,分别从叙事、视点、对话三个方面引导学生阅读。

《红楼梦》之叙事艺术

小说的本质是叙述故事,叙事艺术是小说最基本的美学特征。叙事艺术关涉的其实就是文本与读者交流的艺术。因此,读者通过对小说叙事艺术的分析往往可以实现对文本的深度解读。

例如,《抄检大观园》一节体现了曹雪芹叙事艺术的最高成就,可圈可点。分析它高超的叙事手法,至少可以从以下三个方面深化读者对作品的理解。

1. 倾向与主旨

作者总是通过自己的叙述来控制读者。作者选择什么角度进行叙事取决于

---

① 潘新和. 阅读与写作是一种文体思维 [J]. 语文教学通讯(初中), 2006 (8).

他希望读者看到什么和怎么看。小说家选择一种叙述角度总是以排斥其他角度为前提，当他选用某一特定角度来叙述时，他实际上就是在引导读者按照特定的方向来理解故事。

《抄检大观园》一节文字涉及众多的人物与复杂的情节。

按照《红楼梦》中人物的性格特征，在这一事件中，黛玉的内心感受应该最为丰富深刻；而按作者通常的写法，黛玉的敏感多疑向来也是叙述的重点所在，但是，在《抄检大观园》一节中，作者却一反常态。这种反常其实就是一种指引读者解读文本的重要路标。

仔细梳理有关内容，我们不难发现，作者是侧重从探春的角度来叙述这一事件的。在抄检过程中，作者着重写了探春对此事的强烈反应，写探春内心强烈的悲愤以及她对事件本质的洞若观火的预见。与此形成鲜明对照的是：抄检潇湘馆时，作者在叙述时只是一笔带过，一向敏感多心的黛玉对此事的态度，作者也只字不提（须知，这次抄检，王熙凤等人根本就不去"薛大姑娘屋里"，不难揣测黛玉得知后会有什么样的复杂心情），其余如李纨等均无多余笔墨，叙述迎春、惜春等人虽然文字稍多，但无论如何也无法与对探春的叙述强度与深度相抗衡。

作者如此浓墨重彩地将探春作为叙述重点，实在是有深意在焉。

"抄检大观园"虽说是基于绣春囊"风化案"，但由于王夫人如临大敌，严密封锁消息，探春对此实际上并不知情。探春的愤怒实际上不是针对"绣春囊案件"，而是针对有人"生事""自家抄家"而发的。她痛斥王善保家里的"狗仗人势，天天作耗，专管生事……背地里就只会调唆主子"，她痛心疾首地说道："咱们倒是一家子亲骨肉呢，一个个不像乌眼鸡？恨不得你吃了我，我吃了你！"她极为清醒地看到："你们别忙，自然连你们抄的日子有呢！你们今日早起不曾议论甄家，自己家里好好的抄家，果然今日真抄了。咱们也渐渐的来了。可知这样大族人家，若从外头杀来，一时是杀不死的，这是古人曾说的'百足之虫，死而不僵'，必须先从家里自杀自灭起来，才能一败涂地！"

"抄检"一事，本来确实是一桩小事，但是探春却能够见微知著，立刻敏锐地意识到这一事件背后所隐藏的盘根错节的深重的家族内部矛盾，并且清醒地看出这些矛盾所蕴含的巨大危机。

作者如此不惜笔墨写探春，其实就是在引导读者从探春的角度去理解"抄检大观园"的本质意义。因此，如果忽视这一点，我们对作者的意图以及文本主旨的理解就要大打折扣！

当然，探春把"抄检大观园"事件上升到家族生存危亡的高度上，这绝不是危言耸听。她的预见极为准确深刻。而这一预见完全是建立在她对贾府不断激化的内在矛盾的清醒认识基础之上的。

于是，读者就可以借助探春的思路梳理小说的基本走向。这时，我们忽然会发现有许多人物与情节事实上都可以在这一条线索之下得到合理的解释。

2. 偶然与必然

"抄检大观园"缘由十分偶然，但几件偶然的小事偏被人做大，而其中每一件事情孤立地来看都十分微不足道，但最终却造成一股大势，遂演变成为抄检大观园的悲剧。偶然中有必然。事实上，矛盾一旦激化到一定程度，任何事情都可能成为导火索。

偶然之一：报信惹事端。

抄检大观园不是偶然的，但引发的事由却十分偶然。

七十三回中，赵姨娘房内的丫鬟偷听到贾政、赵姨娘谈话的片言只语，赶紧跑到宝玉处讨好报信——"我给你一个信儿。方才我们奶奶这般如此在老爷面前说了你。你仔细明儿老爷问你话。"这番话引得怡红院中一片混乱，宝玉慌忙起来披衣温书，一房丫头在旁伺候；晴雯为了帮助宝玉逃过次日可能发生的责罚，借着门外一声响的小事大造声势说外面有人入园吓着了宝玉；探春因为近来治家颇觉家风败坏、纲纪松弛，遂在贾母面前汇报近来赌博成风。贾母一怒之下下令盘查，于是查出许多有头有脸的人物犯禁，其中有迎春的奶母；邢夫人因为是自己房中的女儿身旁人出了事，觉得脸上大为无光，认定这是针对自己的，是有人故意找茬，于是早在心头积郁一腔怒火，只等寻得机会趁机发泄怒气。

在这样一个山雨欲来风满楼的背景下，忽然冒出来一桩大事。

偶然之二：傻大姐误拾绣春囊。

这是"抄检大观园"的导火索。贾母手下做粗活的丫鬟"傻大姐"在大观园中假山石后捡到一只绣着两人赤裸相抱的香袋，恰巧被邢夫人见到，邢夫人本来就对王夫人、王熙凤大为不满，于是借此机会向王夫人、凤姐发起攻击。她故意将这一"有伤风化"的东西封好后，打发自己的陪房王善保家的送给王夫人看，于是引起了王夫人的震惊和愤怒，导致了暴风雨般的抄检事件，接着引发一系列悲剧，大观园内从此愁云惨淡！起初王夫人以为是王熙凤大意遗失的，立刻前去斥责王熙凤。经过王熙凤辩解后，又怀疑是大观园中的丫鬟们所为，于是，在王善保家的建议下，王夫人令王熙凤带人彻底搜查园中丫鬟的东西。

确实，"傻大姐"拾得"绣春囊"是偶然的，但其间又有着必然性。在贾府中又有谁会闲来无事跑到园子的"山石背后"的隐蔽处去呢？只有"傻大姐"一个人，只有她这个提水桶、扫院子专做粗活的小丫头。她没有朋友，没有和她说话聊天的人。她只能一个人闲时到园子里去玩耍。所以作者只能安排她这样一个人物去"掏促织"。再进一层是，只能由这位"心性愚顽"的呆且痴的"傻大姐"去拾这个绣着"两个妖精打架"的物件，而看不出其间的"春意"，并在那里左右"猜解不来"。自然，也就"笑嘻嘻的一壁看，一壁走"，把它送给了邢夫人。如果是其他丫鬟拾得，一定会秘而不宣；如果不是恰巧又被唯恐天下不乱的邢夫人发现，至少不会闹得大观园鸡犬不宁。但是，由于贾府中种种矛盾早已激化，这些矛盾迟早会借助各种可能的形式得以爆发。

因为邢夫人、王熙凤以及邢、王二夫人之间的矛盾由来已久。请看七十一回：

（邢夫人）后来见贾母越发冷淡了他，凤姐的体面反胜自己……自己心内早已怨忿不乐，只是使不出来。又值这一干小人在侧，他们心内嫉妒挟怨之事不敢施展，便背地里造言生事，调拨主人。先不过是告那边的奴才，后来渐次告到凤姐"只哄着老太太喜欢了他好就中作威作福，辖治着琏二爷，调唆二太太，把这边的正经太太倒不放在心上。"后来又告到王夫人，说："老太太不喜欢太太，都是二太太和琏二奶奶调唆的。"邢夫人纵是铁心铜胆的人，妇女家终不免生些嫌隙之心，近日因此着实恶绝凤姐。

七十三回，迎春乳母聚赌被查、邢夫人又拿到"绣春囊"之后，邢夫人在迎春面前有过一段愤激之言："总是你那好哥哥好嫂子，一对儿赫赫扬扬，琏二爷凤奶奶，两口子遮天盖日，百事周到，竟通共这一个妹子，全不在意。"表面上是在为迎春抱不平，实际上是在发泄内心的极度不满。

在这种情形之下，邢夫人一旦得到了"绣春囊"，当然会抓住机会全力攻击，而王夫人、王熙凤为避免"治家不严"之名，必然会不遗余力地大力清查。于是，对大观园的"抄检"就注定无法避免。

偶然之三：仆妇泄愤进逸言。

"绣春囊"事件的直接受害者是司棋，相关受害者是入画，而这一事件又因为错综复杂的矛盾而波及更多的不幸者！

抄检大观园本来只是为查找"绣春囊"的所有者，不料，经过王善保家的一番逸言，打击面立刻扩大。王夫人于是从单纯的"抄检"发展到防患于未然、确保儿子宝玉的声誉前途，开始扫荡大观园中一切可能"危害"自己儿子的"妖精"。这样，"抄检大观园"的性质发生了变化。于是，原本与"绣春囊"无关的晴雯、四儿、芳官成为这一事件的牺牲品。

乍一看，晴雯等人的不幸似乎纯粹是偶然遭遇小人。但是，她们遭受诋毁和中伤必定是迟早的事，即使不以这一方式出现，也会以其他形式爆发。事实上，她们因为宝玉而养尊处优、目空一切的作派早已成了大观园中不少人嫉恨的对象。一旦有可乘之机，众人就立刻幸灾乐祸、落井下石。请看：

这王善保家正因素日进园去那些丫鬟们不大趋奉他，他心里大不自在，要寻他们的故事又寻不着，恰好生出这事来，以为得了把柄。又听王夫人委托，正撞在心坎上，说："这个容易。不是奴才多话，论理这事该早严紧的。太太也不大往园里去，这些女孩子们一个个倒像受了封诰似的。他们就成了千金小姐了，闹下天来，谁敢哼一声儿。不然，就调唆姑娘的丫头们，说欺负了姑娘们了，谁还耽得起。"

这是对大观园中众丫鬟的群体攻击，由于目标过大，打击面过宽，打击效果就不够明显，所以，王夫人也不曾在意——

王夫人道："这也有的常情，跟姑娘的丫头原比别的娇贵些。你们该劝他们。连主子们的姑娘不教导尚且不堪，何况他们。"

于是，中伤者立刻改变策略：

王善保家的道："别的都还罢了。太太不知道，一个宝玉屋里的晴雯，那丫头仗着他生的模样儿比别人标致些，又生了一张巧嘴，天天打扮的像个西施的样子，在人跟前能说惯道，掐尖要强。一句话不投机，他就立起两个骚眼睛来骂人，妖妖趫趫，大不成个体统。"

于是，晴雯立刻便成为这次抄检的牺牲者，居然因此葬送了性命！
事实上，嫉恨晴雯的人又何止王善保家的，当王夫人下令驱逐晴雯出大观园时，有那么多人幸灾乐祸：

几个老婆子走来，忙说道："你们小心，……此刻太太亲自来园里，在那里查人呢……又吩咐快叫怡红院的晴雯姑娘的哥嫂来，在这里等着领出他妹妹去。"因笑道："阿弥陀佛！今日天睁了眼，把这一个祸害妖精退送了，大家清净些。"

这就是晴雯等人所面临的生存环境，仅仅是由于她生性傲慢，就有那么些人欲置其死地而后快！看来，贾府下层人员之间的矛盾也早已激化到势不两立的程度了。

综上所述，"抄检大观园"是多种矛盾冲突汇合的产物：报信，晴雯造势，探春推波助澜；邢夫人借机攻讦，王夫人怒火攻心，王善保家的挟私泄愤。不同的人都在各自的位置上点火，最后燃起一场大火，烧毁了一切。

3. 铺垫与切割

"抄检大观园"始自七十一回司棋与表兄幽会丢失"绣春囊"，终于七十八回晴雯惨死宝玉痛写"芙蓉诔"，而教材所选则是事件的高潮。一桩事件，以八回书的容量予以展示，作者是如何安排的呢？

作者对整个事件进行了精心的构思。使得这一事件更加立体化、复杂化，完全突破了一般故事单线或双线发展的套路，而使小说呈现出多侧面、多线索、多角度的特征，使小说具有多维度的原生态生活特征。

为体现"抄检"的必然性，使得"抄检"瓜熟蒂落、水到渠成，作者进行了大量的铺垫和渲染。"抄检大观园"在本质上是贾府内各种矛盾激化的结果，这些矛盾由来已久，所以作者必须事先加以铺垫。

故事发生在第七十四回，但作者却在第一回就预先作了铺垫。

首先，是家族望子成龙的高期望与儿子"愚顽不肖怕读书"的矛盾。这一矛盾贯穿全篇，成为小说的主要线索，许多情节也都据此衍生、发展。

早在全书第二回、第三回，作者就预先介绍了宝玉的天性：

那年周岁时，政老爹便要试他将来的志向，便将那世上所有之物摆了无数，与他抓取。谁知他一概不取，伸手只把些脂粉钗环抓来。政老爹便大怒了，说："将来酒色之徒耳！""潦倒不通世务，愚顽怕读文章……天下无能第一，古今不肖无双。"

此后，宝玉的所有活动无不与这一性格基调密切相关。后来宝玉的挨打、宝玉的出家这些大事，都是基于这一性格的。而本回的"抄检"，原因固然很多，但最根本的原因还是王夫人对宝玉"不肖"的深深担忧。

在三十回中，宝玉就在王夫人面前与金钏儿调笑导致金钏儿被逐投井；三十四回，宝玉挨打后，袭人又建议"将宝二爷搬出大观园"，那一番话说得王夫人如"雷轰电掣"一般。儿子的名声前途是王夫人所有的指望。悠悠万事，唯此为大。这位母亲，一方面护犊情深，一方面也深知自己儿子的"不肖"，每每为此痛心忧虑。

　　因此，忽然在大观园发现"绣春囊"自然会如临大敌，"泪如雨下""又哭又叹"。后来的清查结果，更加让王夫人胆战心惊："竟有人指宝玉为由，说他大了，已解人事，都由屋里的丫头们不长进教习坏了"，这正击中王夫人的心病——"难道我通共一个宝玉，就白放心凭你们勾引坏了不成！"

　　除此以外，大观园中的混乱无序也是被抄检的重要背景。

　　二十一回，袭人说"姊妹们和气，也有个分寸礼节，也没个黑家白日闹的"，说明宝玉等人在园中毫无顾忌的所作所为已经引起了不满；六十二回，宝钗见大观园是非日多，于是命人锁住角门，并对宝玉这样说："你只知道玫瑰露和茯苓霜两件，乃因人而及物。若非因人，你连这两件还不知道呢。殊不知还有几件比这两件大的呢。若以后叨登不出来，是大家的造化，若叨登出来，不知里头连累多少人呢。"

　　经过这样多层的铺垫，"抄检大观园"就显得顺理成章。

　　为使故事更加丰满充实，作者又对故事进行了多角度的切割与拼接。至少有以下四条线索交织在"抄检"这一焦点上。

　　（1）司棋的爱情故事；

　　（2）晴雯的故事；

　　（3）邢、王二夫人的故事；

　　（4）探春、迎春、惜春的故事。

　　司棋的爱情故事、晴雯的故事固然不仅限于这一回，但由于作者的剪辑，二人各自独立的故事，一起交汇在"抄检"的焦点上，在本回中得到了充分的展示。各色人等在这一事件中表现各异：晴雯孤注一掷做最后的抗争；司棋是这次抄家的直接原因，也是最大的牺牲者——付出了生命、爱情，但是她的从容镇静，令人钦佩！此外，惜春的冷酷无情，迎春的怯弱胆怯，在"抄检"中也都得到了体现。

而通过探春的角度，作者把更加深广的事件纳入了"抄检"事件。

如果仔细考察探春对"抄检"的愤激之言——"恨不能你吃了我，我吃了你"——还会有更多的故事被拼接到"抄检"事件中来。

探春此言绝非无中生有。她目睹了王熙凤如何设下计谋一步步害死柔弱的尤二姐，这种内部的自相残杀一定在探春内心引起了强烈的震荡。果然，王熙凤为除掉尤二姐而设下的计谋，到后来就成了整个贾府被抄的重要根由。

探春还耳闻了江南甄家被抄之事，才会在抄检时发出了沉痛的斥责。于是，遥远的江南甄家的故事也被拼接到本回故事之中了。于是，下一回开篇作者便写甄府被抄。"将真事隐去"，这是作者的良苦用心。"甄（真）"即是"贾（假）"，"甄家"自家抄家之后，果然外面来抄了；"贾府"内抄已毕，外抄自然不远矣！

这就是探春的远见卓识。

"抄检大观园"本身并不是一件大事，引发抄检的缘由更是微不足道，但是，在曹雪芹天才的笔下，极小的事情当中蕴含着巨大的危机，若干小事交织激化正酝酿着巨大的矛盾，极小的事情导致了巨大的后果。这一切，如果没有高明的叙事艺术，小说必然杂乱无序，毫无章法。因此，我们庶几可以用"风起于青萍之末"来比喻本文的叙事艺术。

这里，不妨引用学者傅继馥的有关评价作为我们对《红楼梦》的叙事艺术的总结：

千头万绪的事件和矛盾，就好像在生活中一样，是在同一时间里互相影响着、纠葛着、齐头并进地向前发展，好比一条河流，只见它汇合、起伏、迂回、扩展、奔腾，却不见有任何中断、割裂、黏合之处。

《呐喊》《彷徨》之叙述视点

指导学生阅读鲁迅的小说《呐喊》《彷徨》，总会产生一种强烈的感觉：鲁迅在两部小说中的情感恰如书名所示——《呐喊》中多的是激奋，是难以按捺的内心冲动，外部的沉郁掩饰不住内在情感"如地火一般奔突"；而在《彷徨》中多的是冷静、凝重，作者自身似乎已退居极次要的位置，客观冷静地再现特征日益明显。换言之，《呐喊》如青年的狂歌与哀哭，《彷徨》则如中年的冷峻与沉思。

而当我试图在作品中为这种感觉寻找依据时，我发现：鲁迅对写作视点的选择恰可以从一个侧面折射出他心灵世界的微妙变迁。我将现行中学教材所收录的鲁迅小说略作分类，从中依稀见出某种规律：凡欲表现同情、追忆、留恋之情的作品，鲁迅多采用"作者视点"叙述；凡侧重批判、揭露或涉及重大社会事件的作品，多采用"人物视点"叙述。这一规律亦大致适用于鲁迅的其他小说。

具体篇目如下：

作者视点（侧重表现）——《孔乙己》《祝福》《一件小事》《故乡》《社戏》（课外：《狂人日记》《头发的故事》《兔和猫》《鸭的喜剧》《在酒楼上》《孤独者》）——《呐喊》集中多用此视点。

人物视点（侧重再现）——《药》《阿Q正传》（课外：《风波》《端午节》《肥皂》《明天》《长明灯》《示众》《高老夫子》《弟兄》《离婚》）——《彷徨》集中多用此视点。

只有少数篇目例外，如《狂人日记》《明天》《白光》等。

本文拟回答以下两个问题：研究视点对解读作品有何意义？如何利用视点促进语文教学？

视点是作家写作切入的角度。作家需要选择一个恰当的视点以便于故事的展开和读者对故事的理解。一个独特的视点总是使作品呈现出一种独特的魅力。当作家将自己强烈的主观情绪投射到作品中，以自己的态度、观点、情感去支配故事人物、支配着读者的理解时,他采用的就是"作者视点",这类作品具有强烈的个人色彩。(当然,"作者视点"并不能等同于"第一人称小说",但是在鲁迅作品中的"我"却非常接近"作者视点"。很难想象,鲁迅会在《高老夫子》《肥皂》中使用第一人称。)当作者不在意志、情感上支配作品并力图将自己从作品的内容、形式中退隐时,他就会创造一个"替身"来观察体味一切,这就是作品的"人物视点"。

两种视点各有所长。"作者视点"易于感染、激励读者,"人物视点"则由于角度自由灵活而具备较强的叙事功能,因此,中长篇小说多采取此种视点。与同时代作家相比(例如郁达夫基本上采用"作者视点",茅盾、老舍多用"人物视点"),鲁迅对视点的应用就显得更为娴熟而高明。

《呐喊》是鲁迅创作前期的产物。十四篇中有八篇运用了"作者视点";而在《彷徨》十一篇中,运用"作者视点"的只有三篇(《在酒楼上》《孤独者》虽说有"作者视点",却侧重以人物语言叙述,因此,实际上只有《祝福》一篇是比较纯粹的"作者视点"之作)。这种变化似乎反映了鲁迅创作观和思想上的改变(拟另文论述)。

在《故乡》《祝福》《在酒楼上》《孤独者》诸篇中,采用了一种"返回"的情节模式,以"我"的重返故地贯穿全文,以"我"的眼光观察一切,构成了一个独特的视点。由于是重返故地,在时间、空间上就形成了距离,使得原本熟悉的一切产生了一种陌生感。人物的变化、社会的变迁也有了一种时空上的参照。以"我"之眼写另一人的悲剧,既写了其人之悲,又写了"我"的哀痛,物我互为映衬,使作品多了一层意味。试想,《故乡》若从闰土角度入手,又怎么可能写出那种人与人之间的隔膜、那种对美好事物消逝的悲哀、那种希望下一代生活得更加幸福的祝愿?因为迟钝麻木的闰土注定是无法感受到这一切的,而这一切只有通过"作者视点"才能得到恰当的表现。《祝福》中如果没有"我"的追忆,当然也能写出祥林嫂的悲剧,但作品中那种悲悯愤懑之情却很难得到体现;《孤独者》中,魏连殳内心的痛楚孤独,因为有了"我"的观照,就显得更加立体化,更加令人震撼了。《兔和猫》一文如果少了作者对

"造物将生命造得太滥毁得太滥"的深沉感喟，这篇小短文还有什么魅力呢？

看来，"作者视点"要求作者具有深邃丰富的心灵、高尚博大的情感，作品有了作者个性色彩的投射，就会显得越发情愫氤氲，感人至深。

于是想到《社戏》。

在中学教材中，编者腰斩了《社戏》，完全删除了文中"我"在北平戏院里看戏的两次经历，只节录了后半段"最有诗意"的部分。我以为，这实际上是对"作者视点"的一种漠视。在文中，作者的感受、回忆和对往事的留恋本是浑然一体的，删去了前半段痛苦的看戏经历，后半段的"诗意"就没有了对照和根据。作者是这样衔接现实和记忆的：

我忽在无意之中看到一本日本文的书……大意仿佛说，中国戏是大敲，大叫，大跳，使看客昏头昏脑，很不适于剧场，但若在野外散漫的所在，远远的看起来，也自有他的风致。我当时觉得这正是说了在我意中而未曾想到的话，因为我确在野外看过很好的戏……

请看，现实—触发—追忆，这三个环节恰以"作者视点"为核心，营造出一片极其动人的氛围：往事如烟，但是在人们的心底却永有一些鲜活的场景时时让人回味、陶醉，灰色的生活激活了人们多少心灵的底片！因此，没有前面的"痛苦"，"我"对那夜的好豆、好戏的无限怀想就成了突如其来的玄想，后文的"诗意"就只剩下一朵孤零零的花。

中学生正处于情感思想日渐丰富深刻的阶段，他们对世界多有自己独特的感受和认识。在教学中，使学生了解"作者视点"的基本特征，适当提供类似的作品供学生研读揣摩，不但有助于学生对作品的理解，还将促进学生学会以自我的角度感受、体验世界并学会表现自我、抒发自我。

《彷徨》中采用"人物视点"的作品较多。

如前所述，"人物视点"自由灵活。选择一个特定的人物作视点，就像找到一个导游，使复杂的情节、松散的场景变得井然有序；而且，每一个独特的人物，就有一种独特的经验和感受，这个人物有着不为我们所知的心态和逻辑，"他"扩展了我们的存在，延伸了我们生活的广度，增加了我们生活的深度。不同的视点就是一个个不同的心灵世界，因此有必要仔细研究。

从教学角度，我们选取《药》《风波》《阿Q正传》三部作品（这也是鲁迅直接描绘辛亥革命的仅有的三篇作品）加以分析。在辛亥革命的历史大背景之下，鲁迅创造了三类人物——华老栓、七斤、阿Q，一律是处在社会底层的平民，为什么完全选取这一类人物作为视点，是有一定的必然性的。

当然，首先是由于作者对农民比较熟悉，但更主要的是反映了作者的一种倾向——意图从占中国绝大多数的农民的立场来看待这场革命，这一视点最能反映这次革命的作用和价值。此时，情绪化较强的"作者视点"就显得有些力不从心了。

三个人物都对"革命"极为陌生，但又有所区别。

华老栓与革命党的关系是极为偶然的。他为儿子买"药"，恰巧买的是革命党的血，这个革命党对于他来说，与其他任何一个死囚毫无两样。在华老栓视点的观照之下，被杀的夏瑜只是一个暗场人物，完全可以忽略不计。他的全部心思都在儿子身上，其余一切均无足轻重。这到底是该让人反思革命党人的寂寞，还是让人感慨中国下层百姓的麻木愚昧甚或自私？这一切作者并未明言，但却能给人以多方位的思考。以往，经常将《药》的主题概括为革命党人不能唤起民众，致使人民不理解革命，似乎有点狭隘了，有些对不住"人物视点"的广泛性、丰富性。

而七斤则受了革命党人的影响，被剪了辫子。"革命"终于从背景走到了前台，开始影响社会了。于是在乡间引发了一场风波。但这场风波又是怎样的令人悲哀！读者已然知道这场风波微不足道，但在七斤看来却似乎关涉到身家性命（这颇有一些戏剧化的色彩）。他惶恐，他后悔，他的心灵终于和革命有了关系——却只是恐惧和怨恨。这就是七斤视点下的革命。从华老栓的完全冷漠到七斤的惶恐不安，也许就是一个进步？

至于《阿Q正传》，则除了以阿Q视点为主要角度以外，还使用了多种人物视点——未庄人、城里人，使小说有了一种全景式的视点，显得更加立体、深厚。仅以第七章为例：

　　宣统三年九月十四日——即阿Q将褡裢卖给赵白眼的这一天——三更四点，有一只大乌篷船到了赵府上的河埠头。这船从黑魆魆中荡来，乡下人睡得熟，都没有知道；出去时将近黎明，却很有几个看见的了。据探头探脑的调查来的结果，知道那竟是举人老爷的船！

　　那船便将大不安载给了未庄，不到正午，全村的人心就很摇动。船的使命，赵家本来是很秘密的，但茶坊酒肆里却都说，革命党要进城，举人老爷到我们乡下来逃难了。惟有邹七嫂不以为然，说那不过是几口破衣箱，举人老爷想来寄存的，却已被赵太爷回复转去。其实举人老爷和赵秀才素亓相能，在理本不能有"共患难"的情谊，况且邹七嫂又和赵家是邻居，见闻较为切近，所以大概该是伊对的。

　　然而谣言很旺盛，说举人老爷虽然似乎没有亲到，却有一封长信，和赵家排了"转折亲"。赵太爷肚里一轮，觉得于他总不会有坏处，便将箱子留下了，现就塞在太太的床底下。至于革命党，有的说是便在这一夜进了城，个个白盔白甲。穿着崇祯皇帝的素。

　　这一段文字写了多人的视点，作者并不明言，只是让读者去推测：该船到底是不是举人老爷的船？举人老爷究竟有没有在赵家寄存东西？这东西真的如邹七嫂所言只是几口破衣箱？如果不是，邹七嫂为什么要如此百般掩饰？再者，如此隐秘之事，为什么未庄人估计得八九不离十？一切都似乎扑朔迷离，却又极符合生活的真实。因为如此秘密之事，赵家当然要极力掩饰，而出来辟谣的人又当然以第三者为好；况且，生活中有许多事原本就不可能知道得一清二楚。众多的视点使作品产生了极大的现实感。也为后文埋下了伏笔——正由于谣传纷纷并且有根有据，才使一些强盗抢劫赵家并证明了举人老爷确实将财产寄存在赵家，又由于阿Q在此之前的种种表现确实容易让人想到是他勾结盗贼，里应外合地抢劫赵家。多种视点犹如多棱镜折射出生活的多个侧面。

但是，《阿Q正传》中最主要的还是阿Q的视点。请看阿Q对革命的理解：

> 造反？有趣，……来了一阵白盔白甲的革命党，都拿着板刀，钢鞭，炸弹，洋炮，三尖两刃刀，钩镰枪，走过土谷祠，叫道，"阿Q！同去同去！"于是一同去。……

这是一种极为独特的"人物视点"。阿Q对革命党人的认识有其独特的文化背景。在当时以集市庙会为文化中心的村庄中，戏曲、说书、鼓词是其文化的主要来源。在此文化氛围中生活的人自有其独特的视点，外在轰轰烈烈的时代风云、崭新的社会变迁全被纳入了他们的认知系统，于是：革命＝反清复明，昔日绿林好汉的家伙与现代武器组合成革命党人的装备，而所谓的"同去同去"则源自于阿Q在城中入伙行窃的经验。与华老栓、七斤相比，只有阿Q对革命强烈向往，但是"革命"对他的伤害却最为惨重——他为此付出了生命的代价！相对于华老栓、七斤，阿Q的心态要复杂得多，他的视点所折射出的人生社会意义也就格外丰富、广阔。

这三个人物对待革命的态度是完全不同的，并且表面看起来似乎还不断在进步，从冷漠—恐惧—向往，发展得何其自然！但无论是谁，对这场革命都没有一点正确的认识。这三个视点就涵盖了农民对待革命的几种可能的态度。如此丰富的内涵，恐怕是"作者视点"所无法表达的。

此外，赵家遭抢时阿Q的幻觉，阿Q被捕后的自说自话全是一个极其愚昧的人的视点。他那种荒唐的逻辑、可笑的心态和古怪的思维方式都使读者心里隐隐发痛。鲁迅就是以这种"人物视点"凸现出当时广大农村社会对于革命的认识。世事洞明皆学问，人情练达即文章。"人物视点"要求作者具有广泛的社会阅历，熟识社会各色人等，能够闯进作品人物的内心深处，把他们的心灵打开给我们看。并且不仅仅是展示人物心灵，还暗示了人物思想的背景和根源。

在教学中，让学生认识到"人物视点"的特征和作用有利于学生深入理解作品的人物和主题，这是解读鲁迅作品的一把关键的钥匙。因为鲁迅对视点的运用确实是得心应手并卓有成效的。

《契诃夫小说选》之人物对话

中学教材中以"对话"为主要内容的小说文本并不少，如《红楼梦·诉肺腑》、《二十年后》（欧亨利）、《桥边老人》（海明威）等。为此，借助当代小说的一些研究成果来解读相关的小说文本，也许会使小说阅读教学达到一个更高的层次。

在指导学生阅读《契诃夫小说选》一书之际，教师以《变色龙》一文为例，同时印证书中其他小说，开展了以"人物对话"为重点的专题教学，使得学生进一步掌握了小说这一文体的基本特征以及解读路径。

在阅读《契诃夫小说选》一书时，教师究竟应该怎样教，教什么才是合宜的呢？我们应该研究小说最突出的特征，并以此作为确定教学内容的依据。

那么，什么是契诃夫小说的突出特征呢？是人物对话。

小说这一文体到了契诃夫时代，已经发展得相当成熟，而小说艺术成熟的一个重要标志就是对话作为一种艺术手段得到惊人的发展。人物的外在语言与其内心世界具有多种复杂关系，而人物内心复杂的活动则需要用幽微的外在语言予以表现。

对于这样突出运用人物对话的小说，如果弃了人物对话，我们对文本的解读很可能会走向歧途，或者会有隔靴搔痒之憾。因此，研究《契诃夫小说选》中的人物对话，显然便具有了不同一般的价值：教师敏锐地把握到本文最主要的文体特征——"人物对话"，并以这一特征作为教学设计的依据。当教师如此准确到位地确定了教学内容之后，其教学成功基本得到了保证。以"人物对话"作为教学基本内容的尝试还给小说教学带来极大的启发——在当前"人物、情节、环境"早已成为教师确定教学内容的基本原则的背景下，这一探索尤其具有现实意义。

例如,《变色龙》这篇小说总字数只有2435字,但人物对话却高达1686字,约占总篇幅的70%。对于这样一篇几乎完全由对话连缀而成的小说,我们的教学该教什么?该如何教?如果我们还只是根据惯例简单地按"人物、情节、环境"这三要素去解读这篇课文,有可能使小说教学变得僵化乏味。事实上,小说艺术发展至今,早已成为种类繁多的庞大家族:荒诞小说、意识流小说、魔幻现实主义小说……解读这些小说已经不完全是"人物、情节、环境"这些术语就能奏效的了。

退一步说,即使阅读这一篇小说必须以其中的人物、情节与环境为主要欣赏内容,我们也必定不能绕开文本中大量的对话。或许有人说"哪一篇小说没有对话"?但我们要回答:像本文这样几乎完全由对话连缀而成的小说确实不是所有小说的主要特征,但如果忽略文本中大量的人物对话,我们的阅读将会屏蔽掉其独特的韵味。

当代小说理论对于"对话"的研究已经相当成熟,完全可以纳入语文教学内容体系中。

简单而言,至少如下几类术语可能有助于小说阅读教学。

1. 话题控制与人物关系

人物对话能够明显地显现人物之间的权力关系,一般较为强势者总是在对话中提出并且控制话题。小说中奥楚蔑洛夫的强势特征在对话中表现得淋漓尽致。

奥楚蔑洛夫在小说中的第一次说话,就是一连串的问句:"这儿出了什么事?你在这儿干什么?你干吗竖起手指头?……是谁在嚷?"这些发问连珠炮般咄咄逼人,不容对方回答,也不想听对方回答。发话人这时显然不是为了交际的需要而发问,他发问的目的在于体现自己的身份与威势。

除了控制话题以外,强势者在对话中还经常打断对方话语,强行将话语扭转到自己感兴趣的话题之上。例如,奥楚蔑洛夫就多次打断首饰匠赫留金以及巡警的话题。

"……要是人人都遭狗咬,那还不如别在这个世界上活着的好。……"赫留金正在罗哩罗嗦抱怨不停时，奥楚蔑洛夫就不耐烦地打断他的话语——"嗯！……不错，……不错。……这是谁家的狗？"

强行中断对方发言以及字斟句酌的话语方式，显示出他的威严与尊贵。当巡警谨慎地说："将军家里的狗大半是大猎狗。……"奥楚蔑洛夫就迫不及待地打断他——"你拿得准吗？"一旦得到巡警确认，他立马抢过话题："我自己也知道。将军家的狗都名贵，都是良种……"

不过也有一次例外——奥楚蔑洛夫滔滔不绝地说话被巡警打断了。因为他的话语明显过火，而这极可能会带来麻烦，于是才有了巡警的斗胆阻止，此前，巡警都是在长官询问之后才谨慎发言的。

可见，对话中包含了多少微妙的人物心理活动！

2. 人物话语的表述方式

西方小说理论家戴维·洛奇说过："小说注重展示，纯粹的展示是直接引用人物的话语。人物的话语准确反映事件。"优秀的小说文本往往借助模拟具有独特个性色彩和包含丰富心理内涵的人物对话而获得强烈的表达效果。研究揣摩人物话语的表述方式，对于了解人物内在心理、领略作品意蕴具有十分重要的作用。

仔细研读奥楚蔑洛夫的话语，可以发现一个奇特的现象：当他高高在上、自我感觉极为良好时，他的语言是连贯的、流畅的；而当他卑躬屈膝、谄媚讨好之际，他的话语则是破碎的、凌乱的。请看：

"可了不得，主啊！……他是惦记弟弟了。……可我还不知道呢！那么这是他老人家的狗？很高兴。……你把它带去吧。……这条小狗怪不错的。……挺伶俐。……它把这家伙的手指头咬一口！哈哈哈哈！……咦，你干吗发抖？呜呜，……呜呜。……它生气了，小坏包，……好一条小狗崽子……"

这段对话，不断变化受话对象，说话人的陈述对象指向将军家的若干人物乃至小狗。要在短时间内面面俱到，讨好所有的对象，就只有如此鸡零狗碎地说一番乱七八糟的昏话了。

但是，这段对话具有怎样巧妙的造型效果啊！

先是感叹，再是间接向将军哥哥献媚，接着跟将军家厨师说话，然后不断奉承将军哥哥的小狗，最后干脆直接和小狗交谈乃至模拟狗叫声——"咦，你干吗发抖？呜呜，……呜呜。"——绘声绘色，惟妙惟肖，大师运用对话的高超本领令人拍案叫绝。

3. 聚谈语言和对话语言

根据对话人数的不同可将人物对话分为聚谈语言和对话语言两种。聚谈语言是两人以上的对话。要写出几个人同时在场交谈，其难度远大于描写两人对话。如果作者功力稍有不足，就很有可能把几人谈话写成两人对谈，而其他人只好在一旁做听众，或者是写成谈话人彼此间在各不相干地轮流发言。《变色龙》一文中的对话显然是描写公共场合中"聚谈语言"的典范。

小说中的说话者以奥楚蔑洛夫为核心，但随着对话主题的不断变换，对话人也不断改换着交际活动中的角色；而多人对话也充分反映了说话人之间的复杂关系以及微妙的心理。

例如，当奥楚蔑洛夫正在慷慨激昂地表示要为赫留金主持公道之时，突然听到旁边一个闲人的惊人之言——"这条狗像是日加洛夫将军家的！"

这句话千万不可等闲视之！将军家有什么狗，许多人乃至街头闲人都是相当的关心，而且看来也是十分了解的——事实上，这条狗来到将军家确实没有多长时间，而众人就已经如此印象深刻了，可以想见，大家平素该是怎样地关注着这位在文中没有出场的将军啊！

这句话还引发了奥楚蔑洛夫对赫留金的一番推断和讥讽——"你这个手指头多半是让小钉子扎破了，后来却异想天开，要人家赔你钱了。你这种人啊……谁都知道是个什么路数！我可知道你们这些魔鬼！"

似乎是为了印证奥楚蔑洛夫的英明，马上就有旁边的闲人提供旁证，于是有了一番热闹的争吵。

"他，长官，把他的雪茄烟戳到它脸上去，拿它开心。它呢，不肯做傻瓜，就咬了他一口。……他是个无聊的人，长官！"

"你胡说，独眼龙！你眼睛看不见，为什么胡说？长官是明白人，看得出来谁胡说，谁象当着上帝的面一样凭良心说话。……我要胡说，就让调解法官审判我好了。他的法律上写得明白。……如今大家都平等了。……不瞒您说，……我弟弟就在当宪兵。……"

"少说废话！"

请揣摩这段三人对话中各自的心理。

闲人提供证据的时机恰到好处——是在奥楚蔑洛夫推断小狗为什么会咬赫留金之后。为什么起初当奥楚蔑洛夫发问"这儿出了什么事"时，这位闲人不主动出来报告而偏偏在此时说这一番话呢？显然是为了迎合奥楚蔑洛夫，是为了印证他的推论高明，而此前则不明底细，不敢贸然行事。此外，你再看他一口一个"长官"，叫得是何其亲热！

也许，奥楚蔑洛夫的推论是合理的；也许，这位目击者的证词也是真实的。但这都不是本文的关键。关键在于这些人物为何要如此说？为何会在此刻说？关键在于这些话语到底折射出怎样的人物心理？

这番证词显然对赫留金大大不利，于是，他立刻怒斥这位"独眼龙"证人并不断讨好奥楚蔑洛夫，试图与他套近乎。但是此刻的仲裁者奥楚蔑洛夫却根本不理会他们喋喋不休的争吵，于是他才会断然喝道："少说废话！"

各位看官，作为裁判者，怎么能够随便断言原告的申诉和目击者的证词为"废话"呢？但是，警官奥楚蔑洛夫就是裁定他们的话语为"废话"，因为此刻他唯一关心的问题就是：这只小狗究竟是不是将军家的？至于到底是人欺负狗还是狗欺负人，他才不会在意呢！

如果忽略这些人物对话，我们如何能够品读出这些意味来？

三、专题导读策略

与细读教学配套的是专题导读。

为指导学生顺利开展整本书阅读,教师需要研究学生在阅读过程中遇到的实际困难,在此基础上再从全书结构、思想内容、表达方式等方面分门别类地列举专题加以指导。

专题指导的好处在于能够聚焦书中最关键、学生感兴趣、教师有专攻的若干话题,开展有深度的阅读研究,有利于向全书的深处钻探,达到对整本书更深入的理解。

仍以《红楼梦》整本书阅读为例,教师在教学中主要从小说结构、叙述语言、红楼诗词等方面开展系列专题导读教学,取得了较好的教学效果。

作品结构专题 ▶▶▶

伟大的作品必然有杰出的结构。一部好书是一个缜密的系统,结构复杂、布局严整,因此,把握全书结构是整本书阅读绕不过去的一道门槛。

整本书阅读教学不妨将全书结构作为一个重要的专题,引导学生加以学习、研讨。

例如,《水浒传》一书以"官逼民反"这一母题统领若干人物故事,全书采用单线发展的结构形式,以一个人物作为一个单元,每个故事既有相对独立性,又被一根主线贯穿,前后勾连形成一个整体。在《水浒传》中,以十回为一个人物故事单元,如"林冲十回""宋江十回""卢俊义十回"等。同时这些故事又互相交织构成全书大框架。例如,"林十回"中林冲最早上梁山,构成了"逼上梁山"的代表,"卢十回"中卢俊义被梁山好汉设计"骗"上梁山,形成了梁山好汉聚义的另一类型。而"宋江十回"则是这两类好汉上梁山的枢纽。《三国演义》则围绕魏、蜀、吴三国兴亡展开情节，全书情节、人物都从属于这三大主线的统领制约，三国历史如同三股发辫相互交织，最终形成全书精妙的布局结构。《西游记》则由四十多个小故事组成，是在一个主题之下多个小故事的连缀与组合。当然，结构最为复杂精巧的当属《红楼梦》。

《红楼梦》是一部具有宏伟结构的天才巨作。全书线索分明，以贾府的兴衰际遇和宝黛钗三人的爱情悲剧贯穿全书，以"大观园"作为人物活动的主要舞台。

在整本书阅读教学中，教师可以从下面两个方面来把握全书的结构。

1. 情节单元

《红楼梦》在情节发展上可以大致分为三个大单元：

（1）第一单元：前五回。

这是全书的总纲，起着揭示主题、勾勒轮廓、交代人物、点染背景、暗示结局的重要作用。学生在阅读时，最感困难和乏味的也是这五回。但是，一旦把握了这五回，就等于掌握了解读全书的一把总钥匙，因此有必要静下心来细细研读。

第一回，贯穿两个美丽的故事（石头幻形入世，绛珠仙草还泪——前者表明小说的由来，后者构成小说的主体）和一个小乡绅（甄士隐）的兴衰，隐含了此书家族人生悲剧的大主题。第二回，以"冷子兴演说荣国府"介绍全书主要人物。这种在情节当中介绍人物的手法似乎比西方小说在扉页列出人物表的做法更加高明巧妙。第三回，"林黛玉进贾府"，借林黛玉之眼介绍贾府环境。没有这一回的事先介绍，往后的阅读就会令人如走迷宫，使读者迷失在复杂的贾府大院里。第四回，"葫芦僧断葫芦案"，写贾府的社会关系，同时交代宝钗进贾府——书中三个主角一一出场。第五回，"宝玉梦游太虚幻境"则是全书主要人物的命运总纲。

（2）第二单元：六至六十四回。

主要写贾府之繁盛，"大观园"中众女儿之欢乐。虽说已是"百足之虫，死而不僵",但仍然如同鲜花着锦、烈火烹油一般,到处是莺声燕语、姹紫嫣红。其中六至十八回,极写贾府两大盛事——可卿之死、元妃省亲,以此显示贾府显赫的地位。由于元妃省亲,才有可能为宝玉及众女儿营造出"大观园"这一方世外桃源。第十七回对"大观园"布局结构的介绍也就必须细细研读。十九至六十三回,曹雪芹仿佛在追忆往日似锦年华一般,逞其生花之妙笔极写大观园中之乐事:宝黛沁芳溪畔共读"西厢",探春发书结诗社,刘姥姥游览大观园……一直到第六十三回"怡红夜宴"(为宝玉生日而设,被称为"最后的晚餐")均让人流连忘返、痴迷不已。此时的大观园,到处欢声笑语、柳绿花红,春光明媚一片,活力生机无限!

(3)第三单元:六十五至一百二十回。

到这一单元,小说开始哀音渐起。时令由春夏转至秋冬,贾府由鼎盛转入衰败,群芳凋零,众女儿风流云散。六十七至六十九回,尤二姐惨死;七十四回,抄检大观园,快乐的女儿国里一片愁云惨淡;七十七回,晴雯屈死;七十九回,迎春误嫁;八十二至九十八回,黛玉在疑惧与悲愤中挣扎,直至"魂归离恨天";一百零五回,贾府被抄……悲凉之雾,日渐浓厚。人生种种大变故、大不幸在奢华欢娱之后接踵而至,令人感喟不已。

2. 结构特点

(1)镶嵌式结构。

中国的话本小说中有一种经典的"镶嵌式结构",即每一篇小说实际上由两个故事构成。第一个故事比较短小,相当于"引子",当时人们称之为"入话";第二个故事才是小说的正文。一般而言,第一个故事基本情节与主旨通常和第二个故事完全一致。其实,"入话"的价值就是用一个简洁明了的超浓缩的故事以提纲挈领的方式交代小说正文的主题意旨,使读者在阅读正文时,在面对复杂丰富的情节时,能够有一张缩微的故事梗概引导自己的阅读,以便把握小说的真义。

第一单元中的甄士隐的故事就起到这样一个"入话"的作用。

甄士隐一家的遭遇实际上就是贾府命运的象征、缩写。甄士隐是当地大户人家，因为意外变故而家破人亡；甄士隐又有极高的悟性，在遭受诸多不幸之后大彻大悟，遁入空门——他的归宿也就是后文中贾宝玉的结局。

脂砚斋曾有如下批语："不出荣国大族，先写乡宦小家，从小至大，是此书章法。"在第二回贾雨村偶至"智通寺"，脂砚斋又有一条眉批："未出宁荣繁华盛处，却先写出一荒凉小境；未写通部入世迷人，却先写一出世醒人；回风舞雪，倒峡逆波，别小说中所无之法。"确是如此。

因此，我们知道了《红楼梦》一书在结构上就有如下特点：未写出贾府全部故事，却先写出一个朦胧缩影；未写出全体人物遭遇，却先预示人物整体命运。前面的故事常常是后面故事的影子、先兆或伏笔——太虚幻境是大观园的影子，甄府是贾府的影子，甄士隐的命运是贾宝玉命运的先兆。

（2）立体化结构。

在情节的结构安排上，采取纵横交织、多线穿插的立体化情节编织方法，使小说具有原生态生活所具有的那种丰富、复杂、多层面、多角度的全方位特征。

纵向结构："伏脉千里"是《红楼梦》一书的重要手法，书前的一件极细小的小事都可能关联到几回、几十回后的故事，阅读时必须把握这一重要特点。

例如，贾雨村作为书中一个重要的串线人物，从第一回一直贯穿到最后一回。从一个穷书生到中进士为官，被贬官，到林宅任西席，通过贾府获起用，后任知府、御史、京兆尹，贾家被抄时落井下石，最后又被黜为民，在书末归结"红楼梦"。这样一个人物的复杂经历，有时只有寥寥数语，却断断续续地出现在书中，成为全书的一条线索，如果阅读时不够细心，就很难把握它。

《红楼梦》中的人物基本上都是前后勾连、断断续续出现的。唯其如此，才有可能在写完一个人物的片段故事之后腾出笔墨来写另一个人物，才有可能较为丰富地表现各类人物。

横向结构：在每一个章节中，每一个人物的活动都不是孤立的、单一的，每一个事件也都不是单线的、直线式的。所有的人物、事件都在空间上与别的人物、事件发生着这样那样的种种关联。

例如，第三十回，金钏儿与宝玉调笑，被王夫人发觉后一顿责打，宝玉一溜烟跑出王夫人的房间来到蔷薇架下，于是又看见痴情的龄官正在蔷薇架下痴痴地画着无数个"蔷"字，这时的情境不是宝玉促成的，而是在宝玉与金钏儿调笑时就已经发生了，宝玉恰巧融入了这一事件中。这实际上就是几件事情的横向并列（而且，由于宝玉此时的躲雨奔跑，又弄丢了在二十九回中得来的准备送给湘云的"金麒麟"，于是又为后文三十一回湘云的丫鬟翠缕拾到这一"信物"埋下了伏笔），而当宝玉因为大雨跑回怡红院中时，怡红院中也同时发生了另一件事情——大小丫鬟们在大雨中堵住了水沟，让院子里积满了水，在那里追逐野鸭、鸳鸯等水鸟；而在王夫人房中，王夫人正叫人喊来了金钏儿的父母，要他们领回自己的女儿——原本是时间艺术的小说，在曹雪芹的笔下，居然有了空间艺术的特点。时空交织的结果自然使作品更具生活的真实。

在写人方面，曹雪芹也十分注重横向的拓展。

第八回中，宝玉前往梨香院探望宝钗，路遇清客单聘仁（善骗人）、詹光（沾光）时的一段小插曲：

偏顶头遇见了门下清客相公詹光、单聘仁二人走来，一见了宝玉，便都笑着赶上来，一个抱住腰，一个携着手，都道："我的菩萨哥儿，我说作了好梦呢，好容易得遇见了你。"说着，请了安，又问好，劳叨半日，方才走开。老嬷嬷叫住，因问："二位爷是从老爷跟前来的不是？"二人点头道："老爷在梦坡斋小书房里歇中觉呢，不妨事的。"一面说，一面走了。说的宝玉也笑了。

这节文字仅仅169字，内容也十分平淡，与前后情节也没有什么关联，完全游离于情节（探望宝钗）之外，是地地道道的闲笔，但并不能看成是作者不善剪裁导致的臃肿芜杂的冗文。这一段小插曲把宝玉不愿应酬清客相公却并不端公子哥儿架子，同时害怕父亲的心理活灵活现地刻画出来了。另外，这些清客之流谄媚讨好的媚态也刻画得十分生动。

这样的写法，把人物性格的次要方面描写出来了，使人物形象丰满、生动、真实、自然。所以，脂砚斋评道："一路用淡三色烘染，行云流水之法，写出贵公子家常不即不离气质。经历过者则喜其写真，未经历者恐不免嫌繁。"

长篇小说中人物、情节的丰富、立体，生活的真实性、复杂性就在这样的结构安排中得到了充分的体现。

南方的榕树，不是孤零零的一根主干，而是在树干上、树枝上生长着许许多多的气根，这些气根伸展蔓延，丰富了榕树、扩展了榕树，使得一株榕树有时就像一片茂密的森林，增添了许多的内涵和风韵。

这就是情节纵横交织带来的效果。

语言赏析专题

文学以语言塑造文学形象，小说自然不例外。

但是，对于大多数读者来说，对小说的关注往往集中在小说人物、情节、故事之上，而对于小说的基本要素——语言，却甚为忽视。我们说，如果一个读者始终不能从语言层面上欣赏小说，那么，他就永远使自己的鉴赏停留在较低级的水准上！

为此，整本书阅读教学（尤其是文学作品整本书阅读）在确定学习专题时，势必开辟一个侧重语言赏析的专题。这也是语文素养培育的应有之意。

1. 欣赏作者语言和人物语言

小说语言一般可分为两类：作者叙述语言和人物对话语言。在古代小说系列中，《红楼梦》人物语言的成就最高。《三国演义》是叙事多而对话少，自《金瓶梅》开始，人物对话就扩大了。到《红楼梦》又进一步，人物对话几乎占大半，有些几乎全是对话，作者只略加勾画连缀，即成一回。如三十四回袭人对答王夫人，长篇累牍，婉转周至，而不觉絮聒。

第二十八回，宝玉见宝钗"肌肤丰泽，比林黛玉另具一种妩媚"而发呆时，"只见林黛玉蹬着门槛子，嘴里咬着手帕子笑呢"，只是一句话，就把一个贵族少女娇羞可爱的情状刻画得淋漓尽致；而同样的动作，用在叙述王熙凤时却又有着迥乎不同的效果：三十六回，当王夫人问起丫鬟们的月例钱时，王熙凤意识到是赵姨娘从中发难，于是"凤姐把袖子挽了几挽，跐着那角门的门槛子"开始骂起人来。两相比较，寥寥数语，两个完全不同的人物形象就跃然纸上了。

此外，如写黛玉与湘云的睡姿，写黛玉在怡红院前敲门遭到晴雯拒绝之后的神态都是极妙的叙述语言，此处不妨摘出品味一番。

那林黛玉严严密密裹着一幅杏子红绫被，安稳合目而睡。那史湘云却一把青丝拖于枕畔，被只齐胸，一弯雪白的膀子撂于被外，又带着两个金镯子。

那黛玉倚着床栏杆，两手抱着膝，眼睛含着泪，好似木雕泥塑的一般，直坐到二更多天。

这简直就是一幅幅绝妙的白描画。曹雪芹真是一位高明的画家，他让每一根线条都会说话，都诉说着作者对人物的无限爱怜和人物自身的丰富情感。

《红楼梦》写景的叙述语言也十分高明。在此仅以对潇湘馆环境的描写为例说明，在第十七、二十六、三十五、四十、四十五等回，都有对潇湘馆的描写，文字不多，意蕴却很不少：

"忽抬头看见前面一带粉垣，里面数楹修舍，有千百竿翠竹遮映……入门便是曲折游廊，阶下石子漫成甬路。上面小小两三间房舍，一明两暗，里面都是合着地步打就的床几椅案。从里间房内又得一小门，出去则是后院，有大株梨花兼着芭蕉。又有两间小小退步。后院墙下忽开一隙，得泉一派，开沟仅尺许，灌入墙内，绕阶缘屋至前院，盘旋竹下而出。"这是第一次写潇湘馆，所以对其外在环境叙述得较为详尽。

"只见凤尾森森，龙吟细细。……宝玉信步走入，只见湘帘垂地，悄无人声。"这是写潇湘馆内幽静的氛围。

"一进院门，只见满地下竹影参差，苔痕浓淡。"这是从另外一个角度来写潇湘馆。

"刘姥姥因见窗下案上设着笔砚，又见书架上磊着满满的书……"这是从一个乡间老妪的眼睛来看的环境，又是另一种风味。

"不想日未落时天就变了，淅淅沥沥下起雨来。秋霖脉脉，阴晴不定，那天渐渐的黄昏，且阴的沉黑，兼着那雨滴竹梢，更觉凄凉。"这是写潇湘馆的雨景，其间况味确实大有诗意。

此外，状物能够生动鲜明，如在目前。第二十七回中，宝玉因低头看见落花，"锦重重的落了一地"——"锦重重"三字胜过多少喋喋不休的滥调文字。

在叙述人物动作时，也有可观处：

第二十二回，宝玉害怕见父亲，把身子"扭股糖似的"，待到见过父亲，又如同"开了锁的猴子"；第六十一回写五儿"趁黄昏人稀之际，自己花遮柳隐的来找芳官"，"花遮柳隐"四字大有妙趣！

不妨再品味一下第四十二回中王太医给贾母看病时的恭敬之态："一时只见贾珍，贾琏，贾蓉三个人将王太医领来。王太医不敢走甬路，只走旁阶，跟着贾珍到了阶矶上。早有两个婆子在两边打起帘子，两个婆子在前导引进去，又见宝玉迎了出来。只见贾母穿着青皱绸一斗珠的羊皮褂子，端坐在榻上，两边四个未留头的小丫鬟都拿着蝇帚漱盂等物，又有五六个老嬷嬷雁翅摆在两旁，碧纱橱后隐隐约约有许多穿红着绿戴宝簪珠的人。王太医便不敢抬头，忙上来请了安。……王太医忙躬身低头，含笑回说：'那是晚生家叔祖。'贾母听了，笑道：'原来这样，也是世交了。'一面说，一面慢慢的伸手放在小枕上……王太医便屈一膝坐下，歪着头诊了半日，又诊了那只手，忙欠身低头退出。"

作者写王太医用了"不敢走甬路，只走旁阶""不敢抬头""躬身低头""屈一膝坐下""忙欠身低头退出"这一连串动作，不必再加多余的说明，就把这个六品御医极其恭敬的心态展示出来了。随后王太医给王熙凤的女儿巧姐看病，神态就不再如此恭敬了。

以上说的是《红楼梦》的叙述语言。其实，《红楼梦》的人物语言成就更高！

曹雪芹在描写人物语言方面达到了登峰造极的程度，具体表现如下。

第一，人物语言极具个性化，完全符合人物的身份、性格、教养、心理以及说话时的具体情境。

第四十六回中，贾赦想娶鸳鸯为妾，委托鸳鸯嫂子前去劝说，鸳鸯劈头盖脸给了她趋炎附势的嫂子一顿痛骂，这顿骂，酣畅淋漓，个性十足，简直是一段极为出色的"抗婚宣言"。

他嫂子笑道："姑娘……快来，我细细的告诉你，可是天大的喜事。"鸳鸯听说，立起身来，照他嫂子脸上下死劲啐了一口，指着他骂道："你快夹着×嘴离了这里，好多着呢！什么'好话'！宋徽宗的鹰，赵子昂的马，都是好画儿。什么'喜事'！状元痘儿灌的浆儿，又满是喜事。怪道成日家美慕人家女儿作了小老婆，一家子都仗着他横行霸道的，一家子都成了小老婆了！看的眼热了，也把我送在火坑里去。我若得脸呢，你们在外头横行霸道，自己就封自己是舅爷了。我若不得脸败了时，你们把忘八脖子一缩，生死由我。"

鸳鸯平时说话温文尔雅，此时带出的一些脏话恰恰体现了她的极度愤慨。这一番话，表现了她对奴性十足的嫂子的无限愤慨和鄙视，道出了对贾赦之流的严正声讨。这番话如排山倒海一般，气势十足，同时又充分体现了她的身份：贾母的一切，包括金银财宝、古董字画，样样都由她经手，于是鸳鸯才能这样顺理成章地说出"宋徽宗的鹰，赵子昂的马"这一类字眼来。一般的丫头是说不出这样的话来的。

再看薛蟠的一番妙语（第二十六回）：

"只因明儿五月初三日是我的生日，谁知古董行的程日兴，他不知那里寻了来的这么粗这么长粉脆的鲜藕，这么大的大西瓜，这么长一尾新鲜的鲟鱼，这么大的一个暹罗国进贡的灵柏香熏的暹猪。你说，他这四样礼可难得不难得？"

"……昨儿我看人家一张春宫，画的着实好。上面还有许多的字，也没细看，只看落的款，是'庚黄'画的。真真的好的了不得！"宝玉听说，心下猜疑道："古今字画也都见过些，那里有个'庚黄'？"想了半天，不觉笑将起来，命人取过笔来，在手心里写了两个字，又问薛蟠道："你看真了是'庚黄'？"薛蟠道："怎么看不真！"宝玉将手一撒，与他看道："别是这两字罢？其实与'庚黄'相去不远。"众人都看时，原来是"唐寅"两个字，都笑道："想必是这两字，大爷一时眼花了也未可知。"薛蟠只觉没意思，笑道："谁知他'糖银''果银'的。"

　　这一番话，突出显示了薛蟠胸无点墨又偏爱饶舌的粗鄙可笑。我们可以从书中想象他当时连说带比画的那种情形，也完全可知如果不用手来比画，他根本就无法表达清楚他所说的各种东西的大小长短粗细的。至于"庚黄"一说，更是可博一笑，除了薛蟠，无人能够说出这等妙语——难怪人们要称之为"薛大呆子"。

　　第二，有助于交代、推进情节。

　　《红楼梦》中许多内容都是在人物语言中牵涉出来的。有时是补叙，有时是插叙，有时，又起到推动故事发展之作用。例如：第十六回中，赵嬷嬷回忆贾府"只预备接驾一次"以及江南甄家四次接驾的情况；第七十二回中，林之孝说"方听得雨村降了，却不知因何事"。

　　第七十三回，贾政身边的小丫头的一句话居然掀起了摧毁大观园的连天巨浪！——小鹊笑向宝玉道："我来告诉你一个信儿。方才我们奶奶这般如此在老爷前说了。你仔细明儿老爷问你话。"于是宝玉临时抱佛脚赶紧"温书备考"，晴雯为助宝玉躲过"此劫"，大造声势说是园中有外人，结果导致后来的抄检大观园，使得这一"世外桃源"从此惨遭荼毒。

　　类似之处随处可见，不再赘述。

　　第三，有安排结构之效。

　　第二回中的"冷子兴演说荣国府"一段语言，第五回中警幻仙子的一番话语，其实就是对全书人物的一个总体介绍，这些文字，使得小说一开始就有了一个完整的框架结构。否则，读者对书中人物的了解将会大打折扣。

2. 欣赏语言风格之美

　　在文言文之中，文学语言的代表作是《史记》，它继承发展了先秦诸子《左传》《国语》《国策》等，下为唐宋散文所模仿。语体文学语言则以《红楼梦》为代表，它继承并发展了评话及《西厢记》《水浒传》《金瓶梅》等戏曲小说，而为后来的"语体文学"打下了坚实的基础。

《红楼梦》以当时的白话为主体语言，又巧妙融入了文言、俗语，使得全书摇曳多姿，丰富多彩。文言用在作者的叙述语言上时，有简洁典雅之效；用在描写环境处，易于营造庄严肃穆的氛围；用来刻画人物语言，则有突出人物个性、教养之作用。

例如，第十五回中贾政与北静王对话，就很能见出贾政的为人。这种官场应酬、塾师讲课、酸人相见、卖弄风雅的性格在这类语言中得到了充分的表现——

水溶见他语言清楚，谈吐有致，一面又向贾政笑道："令郎真乃龙驹凤雏，非小王在世翁前唐突，将来'雏凤清于老凤声'，未可量也。"贾政忙陪笑道："犬子岂敢谬承金奖。赖蕃郡余祯，果如是言，亦荫生辈之幸矣。"

与贾元春的一番话语，又是另一种风味，读来令人心酸感叹——

贾政亦含泪启道："臣，草莽寒门，鸠群鸦属之中，岂意得征凤鸾之瑞。今贵人上锡天恩，下昭祖德，此皆山川日月之精奇，祖宗之远德钟于一人，幸及政夫妇。且今上启天地生物之大德，垂古今未有之旷恩，虽肝脑涂地，臣子岂能得报于万一！惟朝乾夕惕，忠于厥职外，愿我君万寿千秋，乃天下苍生之同幸也。贵妃切勿以政夫妇残年为念，懑愤金怀，更祈自加珍爱。惟业业兢兢，勤慎恭肃以侍上，庶不负上体贴眷爱如此之隆恩也。"

而第十六回中王熙凤的一段"文言"却又别具特色。王熙凤虽然不通文墨，但她聪明过人，长期在贵族之家，耳濡目染，习得一两句场面上的客套话自非难事。这一番话反而看出了凤姐与丈夫的调笑戏谑，让我们见到了王熙凤性格的一个侧面。

（凤姐）便笑道："国舅老爷大喜！国舅老爷一路风尘辛苦。小的听见昨日的头起报马来报，说今日大驾归府，略预备了一杯水酒掸尘，不知赐光谬领否？"贾琏笑道："岂敢岂敢，多承多承。"

3. 欣赏语言的音韵之美

高明的作者，其语言自然高明。好的语言应该有如歌的韵律。《红楼梦》中许多语言流畅优美，富有音乐感。在人物语言等方面，音乐的韵律特征都有十分突出的表现。

例如，第十七回"大观园试才题对额"中，宝玉就"稻香村"所发的一番议论，铿锵悦耳，入耳动听："此处置一田庄，分明见得人力穿凿扭捏而成。远无邻村，近不负郭，背山山无脉，临水水无源，高无隐寺之塔，下无通市之桥，峭然孤出，似非大观。"

描写蘅芜院的文字也是整齐匀称，音韵和谐："只见许多异草：或有牵藤的，或有引蔓的，或垂山巅，或穿石隙，甚至垂檐绕柱，萦砌盘阶，或如翠带飘飖，或如金绳盘屈，或实若丹砂，或花如金桂，味芬气馥，非花香之可比。"

以上文字音韵和谐、节奏鲜明，读者只需口诵一遍就可以感受到其文字中的金石之音以及如歌般的旋律。

总之，《红楼梦》的语言已达到登峰造极的地步。它虽袭用过去小说的章回体，但已摆脱了宋说书话本的痕迹，《金瓶梅》每回结束已经没有惊人之笔，但还用诗词来集中描写，好似歌剧，演员演到紧要处，还得唱一段，《红楼梦》如话剧，一路写下来，再不用这些手法了。也可以这样说，《红楼梦》完全是读的小说，它比《金瓶梅》又进了一步。当然它还保留了一些话本小说的痕迹，如开始"却说"、结尾"且听下回分解"，又有"闲话少叙""看官听说"……这种作者出面的话本老手法，只是偶然有之，都不足影响《红楼梦》语言的创造性。

徐迟先生说："它的叙事文字，既是成熟的白话，又简洁而略显文雅；……

它的对话部分，几能切合人物的身份、教养、性格以及特定场合中的心情，活灵活现。"

作品特色专题

整本书阅读教学中，经常遇到这类现象：许多著作都具有各自特色，具有自己的"标志物"。

例如，阅读钱钟书《围城》一书，岂能忽视书中那随处可见的妙语如珠的比喻？阅读芥川龙之介的《竹林中》，势必要关注围绕一个凶杀故事所采用的多重叙述视角这一特色；阅读村上春树的《挪威的森林》，读者当然需要注意该书的"全球化文学"特色，书中随处可见的沙滩男孩乐队、老式大众汽车、DJ 文化、弹珠游戏这类全球通俗文化使得村上春树被称为"创作美国文学的日本作家[①]"。

那么，《红楼梦》整本书阅读教学可以确定什么作为特色专题呢？确定"诗词"作为特色，也许是不会有争议的选择。因为没有哪一部作品包含如此众多的知识，也没有哪一部作品中的诗词给读者留下如此深刻的印象并且深受读者欢迎。

诗词，是《红楼梦》一书中美丽的彩贝，星星点点散布在美丽的海滩上，在曹雪芹天才的阳光照射下，散发着迷人的绮丽光彩。

《红楼梦》中的诗词曲赋数量惊人。有人作过统计，在《红楼梦》中共有：诗歌 81 首，词 7 首，曲 18 首，歌谣 4 首，偈语 4 首，诗谜、灯谜共计 24 首，酒令 17 首，对联 24 副，赋 1 篇，骈文 1 篇。（参见刘耕路：《红楼梦诗词解析·周雷序》，吉林文史出版社，1999 年版）

对于大多数中学生朋友来说，这些诗词曲赋可能是令人心烦的。有人甚至这样排揎《红楼梦》："吃不完的饭，睡不着觉；做不完的诗，没个完的笑。"

但是，如果将这些内容全部删除，《红楼梦》还会是《红楼梦》吗？

---

① 王召强. 中学生如何整本读经典[M]. 上海：上海文艺出版社，2019.

须知，几百首诗词镶嵌在作品中，是《红楼梦》的一大特色、一大成就，使得《红楼梦》平添一份品位、一种气度。这些诗词犹如百花园中的翩翩彩蝶，点缀得作品更加多姿多彩。

这些诗词可分为两大类：一类是以作者的身份或从第三者的角度写的，这一类数量较少，此处不拟多说；一类是作品中的人物写的，这一类的作品数量较多。而且，其中有些诗词由于具有极高的艺术价值、深刻的认识价值，至今仍鲜活在人们的口头笔下。比如："都云作者痴，谁解其中味？""忽喇喇似大厦倾，昏惨惨似灯将尽""假作真时真亦假""你方唱罢我登场……到头来都为他人做嫁衣裳""子系中山狼，得志便猖狂""机关算尽太聪明，反误了卿卿性命""一年三百六十日，风刀霜剑严相逼""好风凭借力，送我上青云"……

面对如此众多的诗词，我们注定无法回避。

我们首先应该知道《红楼梦》中为什么会有如此多的诗词韵文，我们还应该明白这些诗词到底说了些什么、说得好不好以及它们所起到的作用。

中国古典小说有一个奇妙的现象，就是将散文、韵文相杂其中。这是因为从一开始，诗歌就成了中国文学的正宗、主流。从《诗经》开始，诗歌就成了一切文化人必修的科目。所有的文人，或多或少都受过相当诗歌的训练，说中国是一个"诗的国度"实不为过。中国古典小说中，穿插诗歌是一个老传统。但一般的小说，由于诗词的运用和人物性格、情节的发展经常发生背离，通常只是作者炫耀诗才的手段，因而大多数成为作品的赘疣。而曹雪芹却使诗词曲赋成为刻画人物、推动情节、渲染气氛的手段，成为作品有机的血肉。这些诗赋，在作品中都是必然产生的：大观园内这群才华横溢、青春美丽的贵族少女，日常必然经常吟诗作赋。黛玉所作的必然是《葬花词》《秋窗风雨夕》。

1. 这是大观园众女儿生活的主旋律之一

《红楼梦》出现大量的诗词，是当时时代文化精神生活的反映。赏花吟诗，填词制谜，饮酒行令，拟对题额，都是当时文人或贵族阶层的重要生活内容。探春在给宝玉的结社诗帖中说："忽思历来古人，处名攻利夺之场，犹置些山滴水之区，远招近揖，投辖攀辕，务结二三同志，盘桓其中，或竖词坛，或开吟社,虽因一时之偶兴,每成千古之佳谈。"这确实是时代风气的真实写照。这是当时最有品位的精神生活。

2. 这是人物个性及内心世界自我展示的重要途径

古人说:"诗言志。"《红楼梦》中,大量的诗词总是恰如其分地烘托着人物的个性心理以及当时的心境。

第二十八回中,宝玉、薛蟠、冯子英、蒋玉菡等人一起饮酒作"女儿"诗。宝玉席间所行的酒令写尽女儿的喜乐悲愁,颇合女儿心理。因为宝玉向来"喜在内帏厮混",一向以女儿喜乐悲愁为自己的最大关怀。这位"有红则喜,红减则伤,无红则悼"的"怡红公子",对待女儿是悉心关怀的。他的诗句本身——"呀!恰便似遮不尽的青山隐隐,流不断的绿水悠悠"也显出了极高的文学素养。而妓女云儿说道:"女儿悲,将来终生指靠谁?"更是活脱脱的风尘女子的口吻。四句酒令真实反映了生活在社会底层的风尘女子的喜乐悲愁。所唱小曲"豆蔻花开三月三,一个虫儿往里钻……"也是昔日青楼中男女调笑的曲词。而蒋玉菡不过是个戏子,文化程度自然不高,所以只会说:"女儿愁,无钱去打桂花油。"最可笑的是薛蟠,不学无术、粗鄙庸俗,所行酒令不堪入耳,唱小曲儿只会"一个蚊子哼哼哼,两个苍蝇嗡嗡嗡……"这番酒令,宝玉最为典雅,冯子英、蒋玉菡显得平庸,薛蟠只是无赖口吻。迥乎不同的人物性格通过几个酒令便跃然纸上了。

三十八回初起海棠社,宝钗作诗咏白海棠道:"珍重芳姿昼掩门",这是她端庄凝重性格的写照,"淡极始知花更艳"更是个性的自我写照——安分自守、罕言寡语、淡雅宁静而又极其自信。宝玉则写道:"出浴太真冰作影,捧心西子玉为魂。晓风不散愁千点,宿雨还添泪一痕。"他所欣赏的是白海棠的病态柔弱之美。在宝玉眼中,白海棠如同一位多愁多病的女儿,这正是对黛玉爱慕之情的真实流露。而史湘云的"也宜墙角也宜盆"侧重写海棠处处顺合环境随地而宜,恰好是史湘云"英豪阔大宽宏量"这一性格的写照。

第七十回,黛玉作了一首《桃花行》,引起了众人的兴趣。这首诗与《葬花吟》《秋窗风雨夕》格调基本一致,悲凉凄惨,预示着命薄如桃花的黛玉的命运。书中写道:"宝玉看了,并不称赞,却滚下泪来,便知出自黛玉。"这时宝琴打趣说是自己所写,宝玉立刻回答:"我不信。这声调口气,迥乎不像……我知道,姐姐(宝钗)断然不许妹妹有此伤悼语句,妹妹虽有此才,却也断不肯作的。比不得林妹妹曾经离丧,作此哀音。"是的,面对着明媚春光悲叹自身的不幸,以艳丽的桃花衬托自己的孤独和哀愁,这只能是黛玉的个性特征。

此外,同是咏柳絮,黛玉的笔下是:

粉堕百花洲,香残燕子楼。一团团逐对成球。飘泊亦如人命薄,空缱绻,说风流。

草木也知愁,韶华竟白头!叹今生谁舍谁收?嫁与东风春不管,凭尔去,忍淹留。

这首词被众人评为"缠绵悲戚",物我交融,水乳难分,真正是"以我观物,故物皆著我之色彩"。既显示了黛玉孤苦伶仃的当前处境,又预示了她最终无人依靠的悲苦命运。

再看薛宝钗的《临江仙》:

白玉堂前春解舞,东风卷得均匀。蜂团蝶阵乱纷纷。几曾随逝水,岂必委芳尘。

万缕千丝终不改,任他随聚随分。韶华休笑本无根。好风凭借力,送我上青云!

两首咏絮词,鲜明对照出宝钗、黛玉两人的身世、性格以及心境上的巨大差异。"白玉堂前"好一派富贵气象,与宝钗这位皇商之女的身份是何等的贴切!"东风卷得均匀"一句,写尽了那种洋洋自得的神态。"好风凭借力,送我上青云"充分表露了宝钗的内心意愿。这是宝钗的内心独白,是她性格的

"写真"词。宝钗作为一个极善于和现实融合的典型人物，把自古都是悲愁象征的柳絮写得如此春风得意，确实是词如其人，人同其词。

这是曹雪芹借助诗词塑造人物形象、丰富人物内心世界的最成功的范例之一。

3. 众多诗词强烈暗示了人物的命运，推动了故事情节的发展

《红楼梦》中第五回"贾宝玉梦游太虚幻境"是全书的总纲，书中主要人物的命运在此回中完全借助诗词予以限定。在太虚幻境，普天下的女子全都进了痴情、结怨、朝啼、夜怨、春感、秋悲等司，金陵十二钗则全都进了"薄命司"。其中的"判词"均用诗词韵文写作，从中可以看出人物命运的发展轨迹。

"又副册"专写丫鬟："霁月难逢"暗示了晴雯的命运，"枉自温柔和顺"写的是花袭人。"副册"中写了亦主亦仆的香菱的悲剧。"正册"专记主子小姐的命运："可叹停机德"写的是宝钗，"堪怜咏絮才"是在写黛玉，"二十年来辨是非"写的是贾元春，"才自精明志自高"写的是探春，"富贵又何为"是史湘云的写照，"欲洁何曾洁"是妙玉的判词，"子系中山狼"暗示了迎春婚姻的不幸，"堪破三春景不长"是对惜春流落为尼的结局的预示，"凡鸟偏从末世来"写的是王熙凤的身世命运，此外，还写了巧姐、李纨、秦可卿等人的未来命运。

《红楼梦曲》由十二支曲和引子、尾声构成了一组套曲。它完全由曹雪芹自创，声调凄婉悲壮，词句灵活美丽，曲名显豁清新，自始至终都饱含着作者对金陵十二钗悲剧命运的深切同情，是一组艺术成就很高的抒情曲。它与十二钗正册判词各有侧重，相辅相成，咏唱了十二钗的性格、身世和悲剧命运，预示了贾府最终破败的悲惨场景。它所概括、预言的内容贯穿全书情节，在全书总体构思中具有十分重要的地位。例如：《终身误》唱道："都道是金玉良缘，俺只念木石前盟。"这是写贾宝玉婚后始终不忘死去的林黛玉，写薛宝钗的终身寂寞；《枉凝眉》则集中写宝、黛爱情理想的破灭，写黛玉的泪尽而逝。十二支曲分咏金陵十二钗，较前面的"判词"更为明白详尽。

这些诗、曲为读者了解小说中人物的命运、情节的发展提供了重要的线索。

而且，这些暗示在《红楼梦》中反复出现，给人以强烈的预感。

第二十二回，元妃省亲之后，贾府三代人奉命作灯谜。贾母的谜语——"猴子身轻站树梢"（荔枝），暗喻了小说的一大趋势——"树倒猢狲散"，为本次众人的灯谜定下了总的基调。贾政虽然一向不善此道，这次却例外作了首十分像样的灯谜诗："身自端方，体自坚硬；虽不能言，有言必应。"既是贾政自身的写照，又隐喻众人的谜语最终都将得到应验。这哪里是谜语，这分明是谶语！

你看：元春的谜底是爆竹——"一声震得人方恐，回首相看已成灰"，暗示了元春是一位"一响而散之物"，其威势必不长久，后来元春果然"才得宠幸，即告夭亡"；迎春的谜底是算盘——"因何镇日乱纷纷，只为阴阳数不同"，暗示了她后来嫁与"中山狼"孙绍祖倍受欺凌的命运；探春写了风筝，暗示了她的远嫁；惜春大谈佛前的"海灯"，因为她将来会"独卧青灯古佛旁"。难怪贾政见此深感不祥，"愈觉烦闷，十分悲戚"。

第六十三回在《红楼梦》中是一个至关重要的转折点。

这一天正是宝玉的生日，众女儿相聚夜宴怡红院。席间各人掣酒签，签上的一句短诗也大多暗示了人物的命运。宝钗抽到的是"牡丹——任是无情也动人"，完全契合宝钗冷漠而又得人好感的性格；探春抽到的是"杏花——日边红杏倚云栽"，暗示她将来远嫁东海之外，虽贵为王妃，而心有不乐；黛玉抽到的是"芙蓉——莫怨东风当自嗟"；李纨是封建时代守节寡欲的典型，用"竹篱茅舍自甘心"一句比喻她的操守真是再恰当不过了，"竹篱茅舍"与她所居住的"稻香村"也是契合的。

总而言之，从小说的角度看，这些诗词或者用来预示人物的命运，或者用来点染刻画人物形象，或者用来组织小说的情节，它们是作品中不可分割的有机成分。从诗词本身来看，《红楼梦》中有许多诗词都有其独立的欣赏价值，它们或婉约或清丽或沉郁或悲凉，给人以极高的审美享受，有许多诗词至今仍脍炙人口。阅读《红楼梦》，千万不能忽视这些诗词曲赋。

受古典文学的素养所限制，中学生阅读《红楼梦》，这些诗词很可能是巨大的障碍。因此教师为学生选择一本注释较详尽的版本就十分重要。人民文学出版社 1982 年出版的《红楼梦》校注本,由中国艺术研究院红楼梦研究所校注,从 1975 年开始,历时八年始成。校注者都是当代著名的红学专家,该书注释范围相当广泛,"凡一应典章制度名物典故以及难解之词语,均尽可能做注释"。该书集 20 世纪红学研究之大成,是一部水平极高的版本。另外,上海古籍出版社出版的《红楼梦鉴赏辞典》对书中诗词的解释也非常详尽。北京出版社 1979 年出版的蔡义江先生的《红楼梦诗词曲赋评注》也是阅读红楼诗词的重要参考书。

如果教师能够指导学生依据有关注释并参阅以上著作,那么,学生就一定能够基本读懂书中的众多诗词,欣赏到其中独特的韵味。

核心技术四

筹划阅读路径

一、据点式阅读路径

1999年9月,"北京大学红楼梦研究会"在当年入学的一千名北大新生中发起了一次"你对红楼知多少?"的问卷调查。

被调查的大学一年级新生,在高中阶段都通读过《红楼梦》,并且有71.7%的同学对《红楼梦》中的诗词印象最深,半数以上的同学能记得其中的名篇,甚至有少数同学能逐篇背诵,三分之二的同学认为诗词是中国古典文学的最高成就。

对《红楼梦》如此深入的研读,对于这些学生进入北京大学乃至对他们今后的发展究竟发挥了怎样的作用?对这一问题,我们也许无法得到答案。但是,我们依据常识应该可以推测出:显然,这些刚刚进入大学校门的北大新生,作为当年数百万高考学生中的优秀分子,他们对《红楼梦》的了解一定是在高中阶段进行的,《红楼梦》已经成为他们基本素养中重要的组成部分。

中学生阅读《红楼梦》,如果能够达到上述北大新生的程度,就可以称之为"据点式"阅读了。

建立据点 ▶▶▶▶

我曾经专门在高三课堂上为学生开设《红楼梦》专题教学,深受学生欢迎。在1991年,因为高考语文试题中直接出现了《红楼梦》的有关内容,更是让学生深受其惠。

1991年全国高考语文试卷中有这样的试题:

下面三句是课文《林黛玉进贾府》中对三个人的描写。请在句后的括号中分别填写出相应的人名。

①年貌虽小，其举止言谈不俗，身体面庞虽怯弱不胜，却有一段自然的风流态度，便知他有不足之症。【 】

②肌肤微丰，合中身材，腮凝新荔，鼻腻鹅脂，温柔沉默，观之可亲。【 】

③削肩细腰，长挑身材，鸭蛋脸面，俊眼修眉，顾盼神飞，文彩精华，见之忘俗。【 】

一般读者能够准确无误地写出上述三个相应的人物姓名吗？可能有一定难度。但是，当年我的学生在这道题上几乎都得到满分。学生毫无困难地依次填写出三个人物的姓名：黛玉、迎春和探春。因为在《红楼梦》专题阅读教学中，我专门介绍过上述人物的性格与外貌之关系：黛玉的风流态度与不足之症有关，迎春如何温柔而被戏称为"二木头"（排行第二，木讷老实），探春英气勃发、神采飞扬而得到"玫瑰花"的绰号（美丽而有锋芒）。

当年的高考作文题是：近墨者黑／近墨者未必黑。

面对这样的高考作文，许多学生借助《红楼梦》更是收获颇丰。有相当多的学生借用《红楼梦》中的人物与故事分析讨论这一话题，有文化味、富含书卷气，材料典型，分析到位，远超一般考生。学生这样写作：贾宝玉、林黛玉生活在贾府，却能够坚守自我，不愿同流合污，"质本洁来还洁去，强于污淖陷渠沟"，可见，近墨者未必黑。内心坚定、坚守品性者一定会"近墨者未必黑"。而薛蟠之流，来到柳湘莲所鄙夷的"只有门前两只石狮子干净"之地后，与那一帮纨绔子弟厮混，比从前更加坏了十分。这便是典型的"近墨者黑"。在当时，这样的高考作文内容确实令人耳目一新。当年，许多学生在高考中考出了喜人的成绩。这样的成绩，无论直接还是间接，都在一定程度上要归功于学生对《红楼梦》一书的"据点式"阅读。

借此东风，我尝试着开设"名著导读"选修课，试图用一年的时间让学生认认真真精读一本经典著作。从1991年开始，我便连续十余年为四届学生开设"《红楼梦》导读"课，每周一课时，连续读一年，大家一道读"红楼"，品"红楼",评"红楼",使学生扎扎实实地拥有一次亲近名著的机会。这一尝试,受到了学生的热烈欢迎。许多学生毕业多年后,依然对此念念不忘。

之所以将《红楼梦》作为学生语文学习的重要据点,主要是出于如下几点考量。

其时,我正在研读叶圣陶先生的著作,他的"让学生读整部书"的论述给了我很大的启发。1941年,他在《论中学国文课程标准的修订》一文中明确提出:"把整本书作主体,把单篇短章作辅佐。"他认为,如果有整本书作教材,那么,在中学阶段虽然只能读有限的几本书,但是那几本书是真正专心去读的,这就养成了读书的能力和习惯。读整本书还可以进行各种文体知识的研讨及文体阅读的训练。读整本书,学生阅读的心理更加专一,阅读效果更好。

而上海育才中学段力佩校长主持的将四大名著引入语文课堂的成功尝试又令我信心大增。段力佩校长曾经在1980年对中学语文教材改革进行了大胆的尝试。他用古典小说来作教材,根据学生的生活经验以及语文水平的高低,规划学生阅读的基本学程:初一学《西游记》《水浒传》;初二学《老残游记》《镜花缘》《儒林外史》;初三学《红楼梦》《三国演义》等。经过一年半的教学实践,收效很大。

朱熹的书院式教学法也一直强烈地诱惑着我。朱熹在白鹿洞书院开展了多种形式的教学活动,包括"升堂讲学""互相切磋""质疑问难""展礼"等,而以学徒认真读书、自行理会为主要形式。朱熹对学生读书方法有许多精辟的指导,后概括为《朱子读书法》六条:"循序渐进""熟读精思""虚心涵泳""切己体察""看学用力""居敬持志"。朱熹每有闲暇便与学生优游于山石林泉之间,寓讲解、启迪、点化于其中。这是何等快乐的读书生活啊!

于是,我决心开辟一方根据地,以《红楼梦》为据点,开始了长达十年的据点式整本书阅读教学实验。

前期准备 ▶▶▶

如何引导学生阅读整本书呢?这需要作好充分的前期准备。

开展《红楼梦》整本书阅读教学前，我利用一个暑假将《红楼梦》原著通读四遍，在一本岳麓书社出版的普及本《红楼梦》上密密麻麻写下许多读书心得；又从《红楼梦学刊》编辑部邮购了自发刊号直至当年15年间近60本杂志；认真通读之后，又研读了几本"红学"专著：王国维的《红楼梦评论》、俞平伯的《红楼梦辨》、一粟的《红楼梦资料汇编》、郭豫适的《红楼研究小史稿》、孙逊的《红楼梦脂评初探》。我还四处搜集与"红学"有关的图书乃至器物；为进一步理解"红楼"，又读了几部"红学史"，还非常认真地读完几本小说理论。回想起来，如下几种书籍对教学帮助甚大。

（1）《红楼梦》，中国艺术研究院红楼梦研究所校注，人民文学出版社1982年出版。此书是我国众多红学家共同协作的结晶，是新时期以来最早的精注精校本，具有很高的水准，是广大读者的首选版本。

（2）《红楼梦鉴赏辞典》，上海市红楼梦学会、上海师范大学文学研究所编，上海古籍出版社1988年出版。这是红学爱好者必备的案头工具书。该辞典分"人物、情节、诗词曲赋、文物"等方面内容，介绍全面，编排合理，使用相当方便。

（3）《红楼梦大辞典》，冯其庸、李希凡主编，文化艺术出版社1990年出版。该书对《红楼梦》中词语典故、服饰、器用、建筑、园林、饮食、医药、称谓、官职以及书中人物、有关红学知识介绍详尽。恰与《红楼梦鉴赏辞典》形成互补。

（4）《王蒙评点红楼梦》，1994年漓江出版社出版。该书最大的特点是王蒙先生的精彩评点，能使读者受到极大的启发。但为避免先入为主，建议在对《红楼梦》有一定的了解之后再阅读此书。

（5）《红楼梦》，岳麓书社版。此书为普及版本，价格低廉，销量极大。但由于没有注解，初读《红楼梦》者会稍感困难。但如果作为复读之书，没有注解又格外能读出新的意味。

（6）《红楼梦诗词曲赋评注》，蔡义江著，北京出版社1979年出版。《红楼梦》中诗词众多，中学生阅读有一定困难，此书是重要参考书。

有了这些知识准备，方觉有了点底气，可以为自己的学生作稍微深入一些的引导了。

此外，以下一些准备也必不可少。

（1）准备《红楼梦》影视剧（电影、电视剧、越剧、黄梅戏）录像带和光盘若干。

（2）开展问卷调查、学生座谈会。

（3）举办《红楼梦》讲座或专题沙龙、读书会。

（4）督促学生通读全书。

（5）进行问卷调查。旨在营造读书气氛、了解学生状况、打好教学基础。问卷调查侧重了解以下几个方面的问题：高中生阅读《红楼梦》的动机状况，高中生实际具备的阅读水平及其所面临的主要困难。

这项调查是必不可少的。这样的调查，可促使学生反思自己的阅读行为，逐渐关注起《红楼梦》；教师也可借此对学生的状况有所了解，教学因此更有针对性。

前期准备工作尤其要策划如下几项活动：为学生准备几次"红学"讲座，策划组织几次关于《红楼梦》的读书沙龙，以期高高吊起学生阅读《红楼梦》的胃口，为学生自读及以后的教学预设基础。

实施导读

在实施《红楼梦》整本书阅读教学过程中，我基本上按照如下操作规程进行教学。

1. 课时安排

每周一个课时，为期一年，共约 40 课时。《红楼梦》前五回至关重要并且难度较大，每一回需用一课时；此后每课时学习三四回，后四十回用时可略少。

全书疏通约需 25 课时，其余时间用于论文写作、研讨辩论、影视文本对比鉴赏。

2. 教学方式

（1）学生自读——学生自读规定章节，撰写读书笔记。

读书笔记内容有二：其一，主要疑惑；其二，心得体会——要求学生至少选取一处感触最深的内容加以赏析、评说。

（2）教师批阅评述——教师在课前浏览、批阅学生的读书笔记。对于个别性的问题，直接在笔记中与学生笔谈或当面解说；对于关键问题，专门在选修课上重点释疑。对于学生的精彩点评或印发给学生或由作者在课上发言阐释。教师还应该做详细的批阅后记，整理学生的问题及心得，为选修课作好准备。

（3）导读示范——每周一课时主要任务如下：

教师简要解说本章要点（亦可由学生概括）；

选择最精粹处引导学生作细致品评；

学生质疑、研讨；

主要活动（影视欣赏、排演节目、论文写作与答辩）；

成果评价与展示（主要成果：论文、改编剧本、表演、多媒体课件制作……）。

教师侧重点出重点内容并引导学生品析评价。例如，在指导学生阅读《红楼梦》第十七回之际，教师就对学生进行如下指导，这些指导对于学生解读原著当有大益：

（1）本章系描写古典园林的经典之作。

（2）大观园终于建成。这是全书重要的一回，是小说人物活动的主要环境，必须切实了解。主要建筑如下：正门—门内翠障—曲径通幽—沁芳亭—有凤来仪（潇湘馆）—稻香村—荼蘼架—木香棚—牡丹亭—芍药圃—蔷薇院—芭蕉坞—蓼汀花溆—蘅芜院—大观楼—沁芳闸—红香绿玉（怡红院）。

（3）本回书要注意三点：记下各处景点名称与特征；记下众人对各景点的评价；记下宝玉所题的对联和诗句——宝玉题联题对，才华横溢。

整整一年时间，我和学生以《红楼梦》为据点，扎扎实实地读"红楼"、品"红楼"、评"红楼"，终于读完了这部巨著。

后来我读到有关海涅的文字，我意识到确定《红楼梦》这部书作为大家的阅读据点，确实是为学生做了一件好事。

少年海涅，曾经因为一个偶然的机会在皇家花园的"叹息小径"上如痴如醉地读着一本《堂吉诃德》。这次阅读的经验如此深刻地烙印在他心灵的底版上，从此成为他精神世界的底色，以至他成人后多次重读这部巨著，虽然对这部书的理解多次发生转变，但每一次变化与深化的观点，如果不以第一印象为出发点和参照系，就简直难以完成。那次阅读，种下了他精神的胚芽。

《堂吉诃德》是海涅精神发育的据点，《红楼梦》则是我本人专业发展的据点，也是我的学生语文学习与精神成长的据点。

二、网络式阅读路径

如果说，据点式整本书阅读是将某一本书作为研读对象，开展深耕式研读，那么，网络式阅读则是让学生阅读若干本书，将"整本书阅读"视为一个系统工程。

江苏省昆山市玉峰实验学校高子阳老师自2004年至2014年，一直坚持在班级开展"每周读书一本"的教学实验。高老师的"整本书阅读"实验获得了巨大成功，受到学生与家长的热烈欢迎。请看高老师自述其构建整本书阅读系统工程的经验。

阅读成效

2014年毕业的这一届学生，我带他们四年。四年内，班上51位学生，人均每年读书68本，读书最多的学生轻松达到280本。这样的阅读量，每天要花多少时间呢？20～50分钟，就可完成。这样的阅读量，对学生成绩有帮助吗？这十年，每次我所接的新班均是全年级倒数第一。每次接手新班，第一天就开始大声朗读整本书给学生听。一学期下来，学生成绩就有了变化。一学年下来，班级排名也不再是倒数了。

2014年6月，带了四年的学生毕业，全体家长居然出资成立了"高子阳阅读基金"，用于奖励未来所教班级中读书最多的学生，并承诺资金用完可以继续注入。

量化管理

看到学生的变化，看到学生家长对我的支持，我重新思考了整本书阅读教学，觉得可以进一步加大实验力度。就这样，"152"整本书阅读教学实验诞生了，多所学校纷纷据此打造学校文化特色。那么，"152"整本书阅读教学实验中的"1""5""2"具体指什么呢？

"1"，指第一学段的学生读完"1000"本图画书（也叫"绘本"）。一本图画书大声读完需6～10分钟，在学校，教师读一本，回到家，家长如果也能读一本，一年就可以读完700余本。

"5"，指第二学段的学生读完"500"本"桥梁书"（界于图画书与纯文字童书之间），一本"桥梁书"，大声读完需8～20分钟，一天读两本，两年可以读完700余本。

"2"，指第三学段的学生读完"200"本纯文字的经典童书（一般在100～200页左右）。这样的童书，一开始读比较慢。但如果有了第一、二学段1500本书的读书积累，学生每天坚持，两年读完不会有什么太大压力。

读1700本童书，这个数字远超过《义务教育语文课程标准（2011年版）》规定的三个学段的阅读量。看似任务很重，其实可以轻松完成。根据2011年版课标中规定的学生的阅读速度，计算一下就可发现，每天只要25分钟的时间就可以完成这一阅读任务。

有人会说，1700本童书，如果都是文学类的，未必利于学生的全面成长。其实，像图画书，涉及很多学科门类，台湾儿童文学作家黄乃毓博士的《童书是童书》《童书非童书》两本著作中，就将几千本图画书分为60个类别。目前我国翻译出版的"桥梁书"有1200多本，涉及的学科也相当多，而纯文字的经典童书也涉及哲学、物理、化学、生物、数学、文史等，内容非常丰富。

教学策略 ▶▶▶

如何开展整本书阅读？

一是直接大声朗读整本书。这是一种最简单的方法，所有教师和家长都可以用。有的教师不知道怎么把整本书教好，怕教了这个会丢掉那个，怕讲不透书中的某些东西。与其有这么多担心，不如直接读，相信学生能够听懂；且在朗读的过程中，适当与学生聊一聊书中的内容，这远比学生自己独立默读效果要好。

二是让学生明白，读书方法很简单，就是一页一页翻着看、一本一本接着读，贵在坚持。……人天生会一页一页地翻书，用手翻、用眼看就是阅读。学生若始终不愿意翻，不愿读，任何教学策略都是无用的。

三是教师不能仅要求学生读书，自己也要读。……爱阅读的教师，才会带出一批爱阅读的学生。

四是引导学生进行创意读写。……可以构建起一个创意读写教学模式。这个模式由7大环节组成。

（1）"玩"。玩一个与本次读写相关的小游戏，比如字谜等。

（2）"写"。提出简单要求，相信学生天生会写，即运用10多分钟时间完成一篇小文章草稿。

（3）"读"。用6～15分钟大声给学生读整本书，让学生边听边思，想想自己前面所写的小文章存在哪些问题。

（4）"说"。说听到的书，说说自己的小文章。

（5）"改"。根据听书的内容，发现问题，修改自己的小文章。

（6）"展"。展示自己的作品，清楚自己的进步。

（7）"讲"。讲讲如何继续读下去，写下来，写出让自己更为满意的文章。

推进整本书阅读教学实验，还需做好以下几件事。

第一，设置专门的整本书阅读课程，把每天固定的阅读整本书时间列入课程表。没有这一课程，没有这一时间，学生的整本书阅读很难保证。用童书建立起来的课程，学生不会拒绝。如何建设一个学生喜欢，又能真正培养学生阅读素养的课程呢？

（1）根据不同学段。前面提及的"152"整本书阅读教学，就是这样的课程体系。

（2）根据不同学科。如哲学类、数学类、科学类、艺术类等。

（3）根据教师的阅读兴趣。……

（4）根据特定主题。如作家、内容等，这样的主题课程，学生一般都很喜欢。

（5）根据文学体裁。如童诗课程，我就以《荒诞书》、谢尔·希尔弗斯坦的诗集、周大观的诗集《我还有一只脚》等组成一门课程，用大幻想小说（这类书非常多，用大幻想的作品引导学生幻想最恰当不过了）、日记体童书（这类书很多，学生在一段时间集中阅读，就能自动爱上写日记）、剧本等各组成一门课程。

第二，学校的图书馆（室）建设与使用。……学校最好按照年段设置图书馆（室），方便学生借阅。……

第三，建立由四五百本经典童书组成的班级书柜。……

第四，教师要真爱童书，会教童书。整本书阅读的教学方法不能太复杂，一定要简约。如前面所说的大声读（不需要讲解，一字一句每天读上10分钟，坚持几年，学生就会爱读也爱写）、猜测式（这种方法很简单，出示书名可以猜测这本书会写什么，看到目录可以猜测某章节写什么，读到中间可以猜测将要写什么）、小型辩论会（就书中的某一问题进行辩论，教师做好主持者、引导者就行了）、共读共写小研究（师生都在静静地读，读完后各写点小东西，然后进行交流），等等。

第五，要想办法带动学生家长。一旦学生家长愿意加入到整本书阅读的队伍中来，整本书阅读教学实验就会更容易推进。家长为了孩子的健康阅读，需要做好5件事：（1）买一盏不伤害眼睛的台灯；（2）买一张真正可以读写画的书桌；（3）买一个藏五百本以上书的书柜；（4）买一个能记孩子一生读多少书的本子；（5）创造一个共同爱上阅读的大家庭。①

高子阳老师的网络式阅读整本书教学路径，为当下许多一线语文教师实践探索提供了一个样板。网络式阅读路径有两大着眼点：阅读数量多多益善，阅读范围越广越好。但是，这一路径效应的完全充分发挥，需要教师创设良好的

---

① 高子阳.整本书阅读教学实验及其推进——谈谈我的主张与求索[J].教育研究与评论·小学教育教学，2015（3）.

阅读氛围，提供必要的教学保障，也需要学生与家长的配合与支持。因此这是一个系统工程。

整本书阅读教学，无论是立足于一本书开展"据点式深度"阅读，还是构建一个网络，通过网络式路径不断开拓疆域，最后都指向一个目标：学生语文核心素养的培训。

两大路径，难分高下；分进合击，互补共生。最终可形成整本书阅读教学的良好生态。

核心技术五

设计阅读活动

一、互助阅读活动

整本书阅读教学过程中，每一位教师都将面临这一困境：如何引导学生通过抽象的语言去触摸蕴含在文本深处的丰富内容？

设计活动，是一条有效的路径。

活动是深度解读作品的重要途径。有效的活动，能够加深学生对文本的理解，可以培养、发展学生的文字敏感和语文素养。语文学科最终目的是要教学生会用语文，教学生用语文最好的办法就是让学生"体验"一番，"体验"最好的办法就是"搞活动"。李海林教授曾经撰文阐释"活动"在语文教学中的重要作用[①]，这对于整本书阅读同样适用。活动式教学的基本形态是：教师从文本出发，设计一系列语文活动，使得学生在活动中读懂文本，掌握知识，形成能力。

整本书阅读固然需要教师的引导，但教师引导只是手段，目的是使学生能独立读书。因此，教师应尽量设计学生之间的"互助式导读"以便充分发挥学生的主体性，充分发挥班集体教学中学生互助的优势，使学生互助互动成为重要的教学资源。

学生同伴互助能够大大提升整本书阅读的效果。

中国古代即有同伴学习之萌芽。在汉代学术繁荣时期，大儒董仲舒、马融等人因学生众多难以一一传授，就采用"高业弟子次第相传授"的教学方式，解决了教师少、学生多的困难。1923年前后，由于陶行知先生力推，学生互助学习更是盛行一时，"小先生制"兴起之后一直持续至今。

---

① 李海林."搞活动"是语文课堂的基本教学形态[J].中学语文教学，2009（5）.

在国外，贝尔－兰卡斯特的"导生制"也是"同伴学习"的典型代表。18世纪末，由于产业革命的冲击，为解决师资匮乏的问题，传教士贝尔和兰卡斯特在学生中选择一些年龄较大、学习成绩较好的学生担任"导生"，教师先对"导生"进行教学，然后由"导生"去教其他学生，取得了较好的效果。

事实证明，"同伴互助"教学模式，可以有效培养和提高学习者的学习自主性和学习能力。同伴学习的效果也得到学理层面上的阐释。分布式学习指导是近年来教育理论界十分重视的一种教育理念。其基本思想是：依靠学习组织中的各种学习资源，指导学习者完成不同规模、不同复杂程度和不同范围的任务。在心理学领域最早提出分布式认知思想的学者是瑞兹尼克和索罗蒙。他们认为所谓的"分布"就是"泛中心"，有共享的意思。无独有偶，英国人托平和美国人尔利于1998年著有《同伴互助学习》一书，专门论述了"同伴学习"的基本原理和意义，其主要特征就是基于"通过教来学习"。

整本书阅读指导中的"同伴学习"，意味着学习资源的分布化，意味着指导者的"泛中心化"。

以往的阅读指导，语文教师通常是阅读教学唯一的垄断者，而"分布化"整本书阅读指导需要统筹一切可用资源并使之成为广泛分布的指导者——人人皆是指导者，时时处处可指导。

在当前以班集体教学为基本教学模式的背景下，学生之间的"同伴学习"是整本书阅读的重要资源：有专长的学生可以成为整本书阅读的指导者，学生之间的研讨交流既可以成为知识资源，也可以形成浓厚的读书氛围。

兹从两个方面介绍学生互助阅读活动模式：一是发挥少数有专长的学生优势的"导生"制，一是调动全体学生的"全员共读"制。

小先生导读制

阅读经典，学生之间差距往往很大。学生之间的差距，是现实存在着的，善加利用则可以成为整本书阅读的重要资源。运用好小先生制，对于调动学生积极性、激发全体学生的阅读动机，形成阅读氛围以及提升阅读水平均有重要的作用。

小先生导读大约有如下两大方式。

1. 领雁式导读

在每一届学生中，总会有几位学生在语文方面天赋异禀，他们具有超越一般学生的语言敏感，他们的阅读深入而广泛，他们对有些作品解读的深透程度，甚至许多语文教师都难以企及。这些学生足以承担小先生之职，是语文教师开展整本书阅读的重要助手。

我曾经有幸遇到过一位学生，他在初中阶段即已熟读《水浒传》《西游记》《三国演义》《红楼梦》等古典名著。进入高中后，更是在《红楼梦》导读活动中大放异彩，他一边研读原著，一边阅读蒋和森、王昆仑等名家有关《红楼梦》的评论文章，所写的《红楼梦》的读书笔记也相当精彩。

为此，教师在整本书阅读教学过程中，特意邀请这位同学带领几位同学组成"《红楼梦》研读导读小组"，分担教师的导读工作。这几位学生在班级搜集同学们最感兴趣或最觉困惑的问题，然后查阅资料，研究讨论，编写出导读专题，最后分工在导读课堂上向其他同学介绍。其他同学看到自己的同龄人在课堂上侃侃而谈，滔滔不绝地言说《红楼梦》，往往易于入耳动心，能够产生极大的震撼效应。

当然，由于是同伴之间互动，自然还会有其他学生对他们的分析并不买账，因此就会激发起一番质疑问难和答辩释疑，这些交相问难活动又进一步推动学生认真阅读原著或通过阅读其他著作寻找支援。例如，一位"小先生"曾经在一次导读课上这样点评《红楼梦》中的贾政。

致贾政

你是荣府的家长，你的权威毋庸置疑。可是，你快乐吗？

元宵佳节，家常取乐的当儿。然而，你的爱子宝玉平素是"长谈阔论"，今日，却因为有你在这里，"便惟有唯唯而已"；湘云"素喜谈论"，也因为有你在席而"缄口禁言"；钗黛二人亦只是闷坐而已……"故此一席虽是家常取乐"，因有你一人在此而众人"反见拘束不乐"。于是,你的母亲,酒过三巡便要撵你去休息。你心中不郁闷吗?——你只有赔笑。

刚猜了几个灯谜,你母亲又再次发话了:"你竟不必猜了,去安歇吧。让我们再坐一回,也好散了。"你无话可说。权威让你无法享受天伦之乐,只有"连忙答应几个'是'字"。

当你如日本宪兵一样离开后,你可知道席间有了一种突然解放的感觉。你的母亲一句"你们可自在乐一乐罢"还未说完,你那宝贝儿子宝玉早已"跑至围屏灯前,指手画脚,满口批评,这个这一句不好,那个破的不恰当,如同开了锁的猴子一般"。我不知道你若在此时返回,会令大家多扫兴!

说宝玉是你的宝贝儿子,你可能会矢口否认,但我知道,你心里其实是很爱宝玉的,不是吗?

当他和贾环在一起时,你不是觉得他"神采飘逸,秀色夺人",而同为你的亲生儿子的贾环则"人物委琐,举止荒疏"吗?从这一点来看,你其实对宝玉有着一种发自内心的爱!可是,你为什么从来不以言语行动来表达对他的爱呢?你平时总是把这种爱深埋在你严厉的外表之下。难道就因为你是家长?

因为你是家长,为了维护你的权威,你对宝玉只有呵斥、嘲讽和冷笑:"你如果再提'上学'两个字,连我也羞死了。依我说,你竟玩你的去是正理。仔细站脏了我这地,靠脏了我这门!"又因为"袭人"这个名字来自所谓"浓词艳赋",你便将刚有些欢喜的心境换成一声断喝:"作孽的畜生,还不出去!"而当宝玉和兰小子(贾兰)各作一诗均合你意时,对"兰小子"你是"喜不自胜",而对宝玉则只是"点头不语"。你就真的不愿让宝玉知道你对他的爱吗?难道你是怕对宝玉的宠爱会使你失去家长的权威吗?

不错,你拥有权威,但你注定无法快乐。真的。

应该说,这样的点评是中肯的,是符合实际的。当时在课堂上也得到了多数同学的认同。但是,有一位同学却提出了不同的意见。课后,还针锋相对地写出了如下"争鸣"文章。

恨不起贾政

初看《红楼梦》时，贾政给我留下了大观园里暴君的形象：实施家庭暴力、独裁专制、自私狭隘、无才无能……几乎一无是处。

但细读了第三十三回，我倒是颇同情身为人父的贾政的一片苦心，他曾留给我的"恶魔化"形象也大大改观了。

首先，在这一章回里，贾政的主要身份是一位父亲，不同于在别的章节里的形象——在同僚面前，他是老奸巨猾的政客；在门客面前，他是礼贤下士的"伯乐"；在下人面前，他更是不可一世的"君王"……不管在哪一个场合，不管他多么娴熟老练地表演"变脸"，他的形象都是虚伪的或一本正经的，令人憎恶。而这次被逼到墙角的贾政，关起门来痛打儿子，这面具也不用戴了，完全只是个愤怒痛心的父亲。且不管他在其他场合的作为，至少在这一刻，他就让我恨不起来——因为他是一位父亲。

忠顺亲王府的长史官来见贾政，这一段贾政还戴着官场应酬的面具，虽是惊疑但仍能赔着笑脸沉着应对。但待宝玉老实交代，长史官匆匆离去之后，这贾政"气得目瞪口歪"，接着就喝令拿下宝玉，开始行使一个父亲的权利了，恨铁不成钢的痛心浮于纸面。待到贾环火上浇油地进谗后，这贾政先是"气得面如金纸"，然后见到宝玉是"眼都红紫了"，贾政望子成龙却不想儿子竟做下如此"败坏门风"之事，这时候贾政的心情是又羞、又恼、又恨、又痛，他的愤怒到达了理智难以克制的极限，唯一发泄的办法便是将宝玉痛笞一顿。不管贾政打得有多重，下手有多狠，贾政所承受的痛苦绝不轻于宝玉，作为一个父亲，在儿子身上打下一鞭就等于在自己心头抽了一鞭，是痛彻心扉的。虽然遭笞的是宝玉，但最痛苦的还是贾政。对于宝玉的无限期望及宝玉的不肖终使他痛下毒手，其实痛的还是他自己；而溺爱宝玉的王夫人和老太君却与贾政针锋相对，难堪的还是他自己。总之他落了个里外不是人。

这一节中贾政的辛酸、压抑和痛苦、失望都化作了泪水。"贾政听了这话，不觉长叹一声，向椅子坐了，泪如雨下。"这一句中省略了人物多少复杂的心理，一个"叹",一个"泪",一个苍老无助的贾政此时是令人同情的。不难想象他是如何跌跌撞撞地倒坐在椅上,以及浊泪无声地纵横在皱纹密布的脸上。这时的贾政既不是政客,也不是主人;没有藏奸,也没有傲气,只是一个失望无助的父亲,一个令人恨不起来的父亲。随着王夫人哭叫着贾珠的名字,"贾政听了,那泪珠更似滚瓜一般滚了下来",这时的贾政更是一个念及亡子、心疼宝玉的父亲,他不是一个铁石心肠的人,能触动他内心最柔软最敏感处的还是珍贵的亲情。从这点来看,贾政还是一个重亲情、负责任的父亲,对于这样一位流泪的父亲,不能不体会他身为人父的一片苦心。

最后老太君出场,贾政是"又急又痛",被太君痛斥后还得叩头哭着谢罪,身为人子的他全然又是一个标准的孝子。

"特殊的个性体现在特殊的环境中",在第三十三回中的贾政,应该是个最本色的贾政,没有面具,唯有真性情,是这个特定环境中特定的身份给了他这样一个表露真性情的机会。无论其他场合的贾政如何,单在这一回里,他是一个严父、一个孝子,承担痛苦和压力最多的是他,贾政的泪水令人动容,可怜天下父母心。第三十三回里的贾政无论如何也叫我恨不起来——因为他的泪水,因为他的苦心。

这篇文章后来还得到时任吉林大学校长刘忠树教授的高度好评。应该说,这些"小先生"确实起到了"导读"的作用。他们相当于雁阵中的"领头雁",不但自己努力研读作品,还带动其他同学一起研读,营造出极为浓厚的整本书阅读氛围。

此外,如果学生在某一特别章节或个别问题方面有独到的领悟或见解,教师通过读书笔记发现后,往往会建议学生进一步修改完善,以充分发挥其"领头雁"的作用。

总之,有这些学生作为教师的教学助手,整本书阅读的推进就会顺利得多。

2. 作业式导读

在整本书阅读过程中，也有不少学生是浅尝辄止甚至未尝即止。对于这类学生，教师也可以采取另外一种形式的"导读"制度——作业式导读，来推动学生的阅读。

这时，教师可以专门指定某一学生承担《红楼梦》某一章节或某一话题的"导读"任务，作为一项硬性规定的学习任务"摊派"下去，这是一项学生无法推辞、无法回避的语文作业。

采取这种模式需要注意以下几点。

一是所选定的章节相对浅易，二是所选话题必须处于学生的兴趣范围，三是教师必须为学生阅读提供必要的支架（例如，教师提供"导读要点提示"等），四是允许学生寻求外援，可以请教家长或其他同学。

采取这一模式的目的不在于难倒学生，旨在通过教师设计的学习任务促使学生走进文本。

例如，某位教师曾经给一位学生布置这样一项《红楼梦》阅读学习任务：《红楼梦》中王熙凤是荣国府的当家媳妇，作者多次写王熙凤算账。请问：在书中王熙凤究竟算了几次账？作者如此详细写王熙凤算账究竟有何目的？这样的学习任务目标明确，学生在问题引导下通过阅读原著即可得到答案。同时又与"整本书阅读"抓关键、抓全局的特征相契合。在教师引导下，学生写出一篇"导读案"，在读书交流课上受到大家的好评，顺利完成导读任务。

王熙凤算账

《红楼梦》中有几次王熙凤算账的描写，从中，我们不仅可以看出王熙凤的性格特点，而且也可以看出贾府家道衰败的苗头。

王熙凤第一次算账是在第三十六回。由于王夫人问及赵姨娘的月例钱，引起了王熙凤长篇大论的一笔细账。后来，在第四十三回中，当贾母和众媳妇商量着出钱给王熙凤过生日时，她又算得一笔账。第三次算账是在第四十五回，李纨请王熙凤为新开张的文学社出一笔"赞助费"，王熙凤就此机会将有关的月钱算了个清清楚楚。这几次算账账目虽然不同，却让读者领教了王熙凤的厉害。

第一次算账，王熙凤在王夫人面前极恳切地诉苦："我倒说了两三回，仍旧添上这两分的。他们说只有这个项数，叫我也难再说。"可是一从王夫人那里出来，她便找了个有"过门风的"门槛，大骂赵姨娘："糊涂油蒙了心，烂了舌头，不得好死的下作东西，别做娘的春梦！……也不想一想是奴几，也配使两三个丫头！"虽说她一贯有"凤辣子"的绰号，但这些话也确实刻毒，而且显而易见，后面的一番话才是她的"心曲"所在。于是，一个见风使舵、面柔心硬的形象活脱脱展现在我们的面前。

第二次算账则充分刻画出王熙凤善于迎和贾母的活络劲儿，及其在溜须拍马艺术上的"造诣"之深。经过她一番小动唇舌，自己替李纨出了份子。最终是既做了好人又没让自己吃亏。左右逢源，滴水不漏。其行事机巧的确高人一截。

第三次，王熙凤为李纨算了这样一笔账："亏你是个大嫂子呢！把姑娘们原交给你带着念书学规矩针线的，他们不好，你要劝。这会子他们起诗社，能用几个钱，你就不管了？老太太，太太罢了，原是老封君。你一个月十两银子的月钱，比我们多两倍银子。老太太，太太还说你寡妇失业的，可怜，不够用，又有个小子，足的又添了十两，和老太太，太太平等。又给你园子地，各人取租子。年终分年例，你又是上上分儿。你娘儿们，主子奴才共总没十个人，吃的穿的仍旧是官中的。一年通共算起来，也有四五百银子。这会子你就每年拿出一二百两银子来陪他们顽顽，能几年的限？他们各人出了阁，难道还要你赔不成？这会子你怕花钱，调唆他们来闹我，我乐得去吃一个河枯海干，我还通不知道呢！"

如此详尽的一笔账，我们看了不禁要为之咂舌。我们不禁要问：恐怕连李纨自己算得也没这般清楚吧！虽说王熙凤管着贾府的财产，可是也不必计算李纨一年能攒四五百两银子呀！是的，这时的王熙凤就像一只伺机猎食的秃鹫，密切关注着众妯娌的收入，对于"高收入"阶层则铭记在心。这样的当家人，怎么能保证她不利用职权来点"外快"呢！

三次算账凸显了王熙凤的精明能干，充分显示出了她的管理才能。虽然是日理万机，但一笔细小的账目仍然能够理得清清楚楚，说得丝毫不乱，正是"凡鸟偏从末世来，都知爱慕此生才"。

另外，我们还可以从三次算账中看出贾府的衰败迹象。想必曹雪芹不惜笔墨、不厌其烦地让王熙凤三次算细账，并不是单纯地为了构筑小说情节，频繁地计算这种月钱、份例的小账，主要还是在一定程度上反映了贾府正一步步从巅峰走向低谷。从前花钱如流水的贾府，开始为太太小姐们的零用钱算账，说明眼下贾府在经济上已经有一点捉襟见肘了。

全员共读制

整本书阅读是一项集体工程。在这一工程中，必须确保学生全员参与，"一个都不能少"，此之谓"全员共读制"。换言之，也就是要求教师在班级建立一个关于整本书阅读的共同体。

对此，郑桂华教授曾有专门论述：

构建阅读共同体应该居于整本书阅读教学工作的核心地位，如引导学生成立读书小组，组织作品朗诵会、分享阅读心得、展示阅读笔记、举办读书报告等系列活动，这些活动都会有助于阅读共同体的形成。值得指出的是，从对阅读共同体的影响效果来说，无形的读书氛围的营造比有形的读书样式设计显得更有意义。[①]

许多一线教师在这方面都有不少积极有效的探索。

例如，浙江海盐高级中学杨伟民、郑月明老师在《水浒传》整本书阅读教学中的经验就十分具有借鉴价值。

他们所采取的"基于共读的《水浒传》整本书阅读"的基本过程如下（有删减）。

---

① 郑桂华.整本书阅读：应为和可为[J].语文学习，2016（7）.

1. 课前共读

选择了上海人民美术出版社1996版《水浒传（绘画本）》作为整本书阅读的"催化读物"。全班40个学生，这套连环画正好40册，便于进行轮换阅读。学生每天利用午间自修时间共同阅读，大约一个月就能完成初读。在拥有良好的共同阅读环境之后，名著阅读似乎变得容易了。浓厚的阅读氛围、同学的阅读影响、老师的阅读介绍，成为学生阅读兴趣最好的催化剂。

2. 课上共读

在以激趣为主的共读之后，为了强化共读的效果，教师开展了课上5分钟展示共读活动。每天都有一位"水浒好汉"上台。

通过对小说中近40位人物的介绍与描绘，学生前后连贯，互相缀结，基本上勾勒出了《水浒传》的人物群谱与情节框架。

3. 主题共读

在前期的以梳理、熟悉内容及产生疑问为导向的整本书阅读之后，教师用4～5节课进行了以"我评《水浒传》"为形式的主题共读。在前期提出的众多问题之中，全班学生挑选出几个大家关注较多的问题进行共同阅读与分析。共设了"人物""情节""思想""版本""绘画与语言"等5个方面的主题，每个主题分设2～3个小问题。这样既考虑到讨论交流的集中性，也兼顾学生的个体差异性。[1]

浙江省嘉兴市第五高级中学梅琴、严涛两位教师则利用现代电子媒介技术开展整本书阅读的"全员共读"。

借助App阅读，可以调用一切可调用的感官去接收信息，通过文字、声音、视频和互动等智能组合呈现来完成一次阅读之旅。阅读App提供的整本书，便于学生自由选择，又可以同时阅读，容易激发学生的交流欲望。在他们

---

[1] 杨伟民，郑月明. 共读：整本书阅读的有效路径——以《水浒传》的阅读为例 [J]. 教学月刊（中学版），2017（1—2）.

的教学中，阅读App还设置了"共论这本书"模块。"主题讨论区"可以进行主题式讨论，主题讨论可以由教师发起也可以由学生发起。此外，思维导图展示和读书笔记交流，使学生分享阅读心得、展示阅读成果，在分享、展示中借鉴提高，逐步学会阅读。

总之，整本书阅读教学中，教师必须想方设法地创造条件，让全体学生阅读原著、研究原著，围绕这本书开展具有深度的阅读学习。

二、创意阅读活动

如果说整本书阅读的第一层级主要是力求读通、读懂原著,那么,整本书阅读的第二境界则是:读活、读透原著,能够创造性地解读原著。

也就是说,需要学生从对于原著阅读一般性的理解出发,运用自己的人生经验、知识积累或推理或类比或再造一个新的结论、新的观点或新的作品。创意式阅读的重要意义在于:它能够入乎文本之内,又能够出乎文本之外;它能够理解认同原著,也可以质疑批判原著。

欲实现这一目的,同样需要教师设计合宜的阅读学习活动。我们将创意式整本书阅读活动分为两类:主题阐发、创意表达。

主题阐发

主题阐发是整本书阅读的重要方式。

所谓主题阐发式阅读指的是:读者围绕某一个特定的主题,从特定的角度解读并评判这部著作。这是一种典型的见仁见智、横看成岭侧成峰式的个性化解读。这一阅读方式,显然对学生的要求更高。

提倡主题阐发式阅读,是由整本书阅读的基本目标所决定的。正如程翔老师所说:整本书阅读所读之书应该是具有"独立精神、独特思想价值,能够作为一个连续性整体给读者别样阅读感受的完满集合,阅读材料更长,也更具复杂性,完成这一复杂阅读任务的时间更长,表现出来的阅读行为也更具连续性……整本书阅读是以'读透',读出长进为硬性指标的深层次阅读"[①]。而主

[①] 程翔. 从"整本书阅读"的学科定位谈起 [J]. 中学语文教学,2017(1).

题阐发式阅读，则可以持续性地、有深度地开展阅读活动，最终可实现高层次的批判性阅读目标。

开展主题阐发式阅读，必须确定主题。有了主题的引导，学生的阅读研究就可以更加聚焦。同时，由于主题本身相对宽泛，学生也不会过于受限，仍可以获得较大的自由度。

主题确定一般有两条路径：采用约定俗成的主题，教师和学生自己确定主题。

1. 沿用传统母题

许多作品存世久远，被不同时代的人解读，被不同国度的人阐释，最终会逐渐形成一个相对集中的话题范围。上海余党绪老师曾采取约定俗成的方式将九部名著的"母题范畴"作如下概括：

《鲁滨孙漂流记》——流浪与穿越；

《西游记》——成长与成功；

《三国演义》——功名与道义；

《红与黑》——野心与尊严；

《水浒传》——反叛与规训；

《哈姆莱特》——使命与命运；

《悲惨世界》——苦难与罪恶；

《复活》——堕落与拯救；

《俄狄浦斯王》——命运与担当。①

在上述主题指引下，学生在认真阅读原著的基础上，可以得出自己的理解并能够对这一主题作出合理的阐释。但是，这些主题的发现，虽然从宏观层面看，学生并没有提出独到的有创意的观点。但是，对于当下学生自身而言，他

---

① 余党绪."整本书阅读"之思辨读写策略[J]语文学习，2016（7）.

们确乎是在经历一次创造性的创意活动。他们凭借自己的阅读和人生经验，或独立或在教师引导之下，开启了一段美好的文本探索之旅。

对于教师而言，借用这些传统母题，将这些传统主题作为一种线索启发、引导学生去探索、发现，既规避了老师的直接讲解灌输，又让自己重新经历了一次阅读"发现之旅"。

正是在这个意义上，我们将这一活动方式称之为"创意解读"。

2. 自创研读主题

有时候，某一特定著作的主题也可以通过学生或教师独特的发现加以概括提炼。

例如，江苏江阴市徐杰老师在指导学生阅读曹文轩《草房子》一书时，所确定的主题是"成长"。这一主题，其至作者曹文轩本人在创作中也并没有清晰的预设。但这一主题在整本书阅读教学中却取得了很好的效果：徐杰老师指导学生贴近小说中的一个个人物，让学生看出这些人物成长状态的各自不同：桑桑的成长、杜小康的成长、细马的成长、陆鹤的成长……曹文轩先生曾说道："关于人物的不同成长状态，我在创作《草房子》时，其实考虑得并不十分清楚，经徐杰老师和他的学生们这样一分析，我看到，原先我对几个人物的选择，竟是这样的讲究，这让我对《草房子》更有了几分信心。"

我在指导学生阅读《西游记》《红楼梦》的过程中，也曾自行确定过一个共同的主题：《西游记》《红楼梦》中的价值观建设。

教师与学生在阅读研讨中，提出这样一个话题：在价值建设方面，《西游记》中的唐僧显然做的好，而《红楼梦》中的贾政做的实在糟糕。那么，唐僧究竟做对了什么？而贾政又做错了什么？于是师生合作有了如下的解读。

《西游记》中四人取经团队以唐僧为核心，团队领袖唐僧是一位德性学问好，但社会经验少的管理者。他带领的这个团队面临着诸多困难。例如，团队使命——任重道远、极其艰难；团队状况——成员复杂，都是有犯罪前科的刑满释放人员，能力、品行参差不齐，价值追求各不相同。其中，孙悟空是团队中的技术骨干，但个性倔强不受约束，难于管理；猪八戒，本领不大欲望不小，成事不足，败事有余；沙僧则属于勤勤恳恳、埋头苦干、无欲无求的成员。唐僧是如何领导这一团队的价值建设的呢？

首先，是领导者本人的道德感召。唐僧本人信念坚定、意志顽强、百折不回，这是团队取得成功的保证。

其次，唐僧能够将团队整体利益与成员个体利益加以整合。取经这一伟大的事业一旦完成，这些有前科的取经成员都能够脱胎换骨、成仙成佛，这样的激励政策极大调动了所有成员的积极性。

第三，团队领导的包容精神。唐僧本人具有虔诚的信仰和高尚的情操，但是他却能够理解包容动机不纯、具有许多人性弱点的徒弟。水至清则无鱼，人至察则无徒。徒弟猪八戒几乎具有人性中所有的弱点，例如贪财好色、好吃懒做，唐僧却能够大度包容，激发其善心善念；猪八戒一路上不断鼓噪散伙，动摇军心，唐僧也总是既往不咎。这样的包容，最大限度地团结了一切可以团结的人，使他们共同参与到最伟大的事业中来。

第四，包容并不是无原则的迁就。唐僧对于一些小错可以不予计较，但是一旦徒弟违反团队核心价值则必然予以惩戒，并不惜驱逐团队核心成员。

第五，对于违规者必要的纪律威慑不可缺少，例如对于孙悟空这样桀骜不驯的员工，紧箍咒有时就显得必不可少。

在《红楼梦》中，贾政也是一位个人品行不错的团队领导，但他在家族价值建设方面却非常失败。那么，贾政到底做错了什么？

很显然，贾府中的高层、中层间已经发生了价值观的混乱、断裂。例如，高层中的贾政，其自身确实是品行端方，能够坚守传统儒家价值观。但是，其兄贾赦却彻底腐朽，无恶不作；而另外一位堂兄贾敬则偏离传统价值观，大走旁门左道，喜好炼丹修仙。

而贾府中的中层的价值观也分崩离析。王熙凤，唯利是图，权力欲望极盛，属于见利忘义之流；贾琏则是精神堕落，道德沦丧，价值观完全走向颓废。而作为贾府的重要继承人贾宝玉，与传统的儒家价值观更是发生了激烈的冲突。

面对这一局面，作为贾府领军人物的贾政究竟有何作为呢？

我们发现，他试图以身作则，也试图说服教育，但却毫无作用，最终导致一个大家族分崩离析，落了个白茫茫大地真干净！由此我们得出《红楼梦》式价值建设方面的一些教训：

（1）单纯"以身作则"总体无效；

（2）缺少正面价值的倡导与激励；

（3）缺少对原则性问题的监控；

（4）缺少必要的制度约束；

（5）缺少具有"正能量"又富有执行力的中层管理者。

显然，这是在"价值建设"这一主题之下对经典作品所作的另类阐发式解读。这一主题的确定，实际上为学生营造出一个非常特别但又贴近生活实际的情境。学生对文学作品中的人物、事件加以分析的过程，其实就是运用自身个人经验以及知识积累重构作品的过程。

创意表达 ▶▶▶

整本书阅读，由于所读之书多为经典，而经典作品与学生人生经验距离甚远，因此，在整本书阅读教学中，为引导学生从"走近"名作发展到"走进"名作，教师应当设法增加整本书阅读的趣味，设法让学生爱上整本书阅读。为此，整本书阅读还需要一种"创意型"的阅读模式。

在整本书阅读过程中，有不少独辟蹊径的创意阅读方式。所谓创意型阅读，是指在阅读形式、阅读内容、阅读活动等方面打破常规，不拘一格、别出心裁地对所阅读的著作进行解读。

1. 方式创意

温州大学杨小敏老师带着古筝上《红楼梦》，将学生导入名作深处，一时在当地传为佳话。据报道：

杨老师讲解《红楼梦》，总要抚一曲电视剧主题曲《枉凝眉》，将学生的思绪带入"红楼"梦中……她主讲的课程有"红楼梦人物艺术赏析""中国古典诗词鉴赏""大学语文"等，其中公选课"红楼梦人物艺术赏析"备受学生推崇。

她的学生说："杨老师的选修课《红楼梦》，每次人都爆满。""我本来约朋友出去玩，结果被朋友拉去旁听杨老师的课，哎呀，一听就不想挪腿了。""难得有这样精彩生动的场面，听到不想下课……"

学生听杨小敏讲黛玉葬花，时而惆怅，时而悲怆，情绪随着黛玉的感情而波折起伏，完全沉浸在红楼文学的世界里；听杨小敏讲香菱学诗，在同情香菱可爱、美丽而又充满悲剧色彩的一生时，又被牵引着去鉴赏相关的诗词歌赋，感悟做学问的道理；杨小敏讲凤姐之辣，在解读王熙凤协理宁国府的管理之道时，又为学生解析成为一名职场"白骨精"所要具备的能力和素养……[①]

杨小敏老师指导学生阅读《红楼梦》，既运用了传统方式方法解读，也采用了颇具创意的方式——通过古筝的现场演奏，创设阅读作品的现场感，营造出特有的阅读氛围。

2. 媒介创意

现代信息技术的发展，让整本书阅读在阅读方式上也颇具创意。

例如，"跨超本"《红楼梦》的出现，使读者得以突破传统的单一纸质媒介的阅读方式，开始尝试运用现代阅读方式亲近这一名著。

跨超本是一种新型的阅读方式，它不再是一本传统意义上的书，而是建立在"跨媒体、跨时空、跨文化、超链接"之上的一种"内容为王的移动互联＋智能穿戴全覆盖"的数字阅读出版新模式。针对青少年的特点，不仅对原先作品进行了全新的编创，用轻松活泼的语言对传统、深奥的原文进行注解，更是又嵌入由文学语言创意延伸出来的CG动画、音乐、插画、游戏等多媒体，以

[①] 施彬彬. 带着古筝上文学课[N]. 温州都市报，2012-3-27.

及中国经典文化各类知识链接，这些内容可以通过任一款现有的智能穿戴设备进行阅读。①

江苏省南京市金陵中学河西分校敏锐把握这一崭新的学习方式，在校内开设"跨超本《红楼梦》阅读体验区"，用先进的视听方式让学生沉浸在《红楼梦》的意境中，使学生有身临其境之感，大呼过瘾！

跨超本《红楼梦》就是一本巴掌大的口袋书，打开后是经过重新改编的文本，一些诗词会有注释，还有脂砚斋评，配有红楼人物的动漫形象。最有特点的是，每个章节都有二维码，学生用移动设备扫码后就可以听到相关音频和视频。金陵中学河西分校学生在工作人员的指导下，戴上谷歌眼镜，体验了跨超本《红楼梦》的创新阅读方式，通过几次点击，眼镜屏幕就出现了关于《红楼梦》的各种影视作品，还有电子文本。②

这类基于文学名著延伸出来的 CG 动画、音乐、插画、游戏等多媒体，极具创意地再现了《红楼梦》这部文学巨著，带给学生全新的感受与体验。生活于 21 世纪的学生，原本就是信息时代的原住民，他们天生喜爱这类全方位、移动式的阅读，喜爱这类具有鲜明的时代特征的"跨超本"阅读方式。

3. 成果创意

在教学过程中，教师还可以引导学生将自己的阅读所得用富有创意的方式加以表现。国外许多阅读教师在教学中都会设计一些非常有创意并且富有挑战性、趣味性的阅读任务，这是激发学生阅读兴趣、引导他们深度阅读整本书的

---

① 跨超本《红楼梦》的封面故事. 新浪读书 [EB/OL]. http://book.sina.com.cn/news/v/2014-05-28/1125636366.shtml.
② 王璟. 跨超本《红楼梦》阅读体验主题区启动仪式在金陵中学河西分校创想空间举行 [N]. 扬子晚报，2017-1-6.

好方法。

（1）想象你就是书中的某个人物，根据"你"的经历和感受写一本日记。
（2）创作一首诗歌、歌曲或一个故事来表现书中的人物、冲突或主题等。
（3）根据书中的某一人物或情节画一张画或图表，并作出相应的详细解释。
（4）想象对书中某一人物进行采访，你可以问他书中有关的内容，也可以问他其他问题。用你自己的语气提问，然后用该人物的语气进行回答。[1]

这样的阅读任务，本质上已经成为借助整本书阅读过程中所解读的内容进行二度创作，属于一种典型的创意表达。这种方式，一方面能够加深学生对所读原著的理解，另一方面又能够激发培养学生的创造精神。

我在《红楼梦》整本书阅读指导中，曾经设计过如下创意阅读活动：用打哑谜的方式表述《红楼梦》中的人物姓名，并结合作品内容解释理由。

教师在讲台上摆放一束花，要求学生以此花为道具，设计一个动作作为谜面，谜底应是《红楼梦》中的某一人物名。

为此，设计了一系列"创意型"解读活动：

（1）学生上台做出如下动作：拿起花束投向别人。这一动作暗含的谜底是"花袭人"。
（2）解释宝玉为何以陆游"花气袭人知昼暖"之诗句将丫鬟"珍珠"改名为"袭人"。
（3）贾政为何不喜欢"袭人"这类丫鬟名？
（4）"袭人"有本名吗？"珍珠"和"袭人"哪个名字与她性格更吻合？

我国古典小说一般不会直接刻画人物的心理活动，但《红楼梦》是个例外。在《红楼梦》中，曹雪芹经常性地直接展示人物的内心世界。当然，《红楼梦》依然运用了不少通过人物活动间接表现人物心理的传统手法。教

---

[1] 李茂. 彼岸的教育 [M]. 上海：华东师范大学出版社，2006.

师在教学中，不妨让学生用写画外音的方式创造性地解说某一场景中人物的内心活动，或者引导学生运用画面镜头方式展示人物的心理活动。此处以《红楼梦》第三回"林黛玉进贾府"中一段有关喝茶的文字为例略加说明。

寂然饭毕，各有丫鬟用小茶盘捧上茶来。当日林如海教女以惜福养身，云饭后务待饭粒咽尽，过一时再吃茶，方不伤脾胃。今黛玉见了这里许多事情不合家中之式，不得不随的，少不得一一改过来，因而接了茶。早见人又捧过漱盂来，黛玉也照样漱了口。洗手毕，又捧上茶来，这方是吃的茶。

上述文字，在心理描写方面表现得非常细致。作者的叙述，主要通过林黛玉的视角展开，每一句叙述都展示了人物心理，非常细腻地再现了林黛玉身处陌生环境时的细心、敏感、谨慎等特点。教师在指导学生阅读时可以要求学生设计一些创意活动来体会人物心理，展示人物心理。

"寂然饭毕，各有丫鬟用小茶盘捧上茶来"——"寂然饭毕"，黛玉对此有何体会？"各有丫鬟"，一个"各"字，黛玉感受如何？"用小茶盘捧上茶来"，黛玉何以在意捧茶的"茶盘"？你将采用何种方式表现黛玉此刻的心理活动？

"今黛玉见了这里许多事情不合家中之式，不得不随的，少不得一一改过来，因而接了茶"——"因而接了茶"一句，短短5字，却包含了林黛玉多层次的内心活动，请用思维导图的方式将这一句话蕴含的多重意涵表现出来。

"早见人又捧过漱盂来，黛玉也照样漱了口。洗手毕，又捧上茶来，这方是吃的茶。"——如果拍摄电视片，你如何运用镜头画面将"照样漱了口""这方是吃的茶"这两句话所体现的人物心理表现出来？

创意再造型阅读是整本书阅读处于较高阶段的阅读活动方式，是一种转化型阅读。开展这项阅读活动，首先必须确保学生能够较好地理解原作本身。一般而言，教师所设计的创意型阅读活动，通常都在已经开展了其他各项阅读活动的前提之下予以实施。

三、读写结合活动

在整本书阅读教学中,"读写结合"是重要的活动方式。

西南大学魏小娜教授梳理出"促写"型"读写结合"、"促读"型"读写结合"、"任务"型"读写结合"等三大类课型(有删减)。

(1)"促写"型"读写结合",指的是阅读为写作服务,通过阅读来为写作提供语言积累、素材资源、文本形式和写作技法等内容,"写作"是最终目标。

(2)"促读"型"读写结合",则指借写作促阅读,通过写作更彻底、清晰、明确地领会作品,"阅读"是最终的学习目标。

(3)"任务"型"读写结合",则是指借助"阅读"和"写作"的共同配合,来完成某一任务的读写结合课型。"读"和"写"深度融合,共同参与意义建构,共同完成某一任务。[①]

整本书阅读中的"读写结合",主要指的是"促读"型和"任务"型两类"读写结合"。在这一背景之下的"读写结合"主要是将"写"作为手段切入"读",旨在推进读者对于文本的理解,使阅读不致流于浮泛;从教学层面看,"读写结合"则往往能使课堂教学落到实处。

整本书阅读视域下的"促读"型结合主要方式为评点批注,"任务"型结合主要路径为研究性论文写作。

---

① 魏小娜."读写结合"的三种课型例析[J].语文教学通讯(C),2014(7—8).

评点批注

评点批注读书法就是阅读时在文中空白处通过批语的方式对文本内容加以注解阐释。自古以来，我国文学鉴赏者和批评者都在采用这种方式，这是我国古人行之有效的读书传统。

对《红楼梦》一书的评点批注，自《红楼梦》问世以来，层出不穷。较为著名的有脂砚斋评点本、俞平伯评点本、王蒙评点本。

例如，王蒙先生曾对《红楼梦》第三回、第五回内容作如下批注：

第三回 "黛玉进府" 处眉批

从冷子兴演说荣国府到林黛玉眼见（并心想）荣国府，是递进写法。戏刚刚开始，从摔玉开始。长篇的头绪多，铺垫多，读者幸勿着急。用林黛玉的眼睛看，才能"陌生化"。用黛玉眼睛看，亲热有礼之中包含一种压迫感和神秘感。也是吊读者的胃口，如此气象不凡、威严繁复的深宅大府，瓤子里头有什么秘密，有什么好戏呢？所以至今，《浮华世家》《豪门内外》都是吸引人的电视剧题目。

第五回 "贾宝玉神游太虚境" 处眉批

信仰上的宿命论与文学上的宿命感，内涵与价值十分不同。如果一个人告诉我们，我们的命运是写好在一个什么簿册——内分正册、副册、又副册，而由一位仙姑或仙叔保管的，我们只能对这种小儿科式的迷信付之一笑。显然，这是把人间的档案雏形搬到了仙界，这种说法根本不足挂齿。文学描写是另一回事。作为人们对于自己主宰不了自己的命运的悲哀而又无可奈何的感受，作为只好如此、败在命运面前的可怜的人类个体的悲哀和知其究里的渴望与幻想，表达为一个故事化、文学化的太虚幻境经历，我们只能为之嗟叹，为之悲哀，我们读完了这些簿子上的判词只能感到肃穆、畏惧、痛惜，乃至为之惊心动魄。至于这个幻境是否真实，并不重要，假作真时真亦假。幻境即使是假的，幻灭感、宿命感、痛苦、遗憾、无能为力而又恋恋难舍的感觉都是真的。①

这些批注不但能够为读者阅读提供帮助，对于批注者本人更好解读作品也具有很好的作用。对于《红楼梦》整本书阅读教学而言，倘若要落到实处，要取得效果，势必离不开教师指导学生对文本疑点及有心得处加以评点批注，在此基础上，再选择最为重要者加以梳理，然后撰写成读书笔记。

曹文轩教授曾经极力赞许整本书阅读教学中"评点批注"的重要作用。

圈划好词、好句、好段落，写好旁批。这是一种简单的、传统的阅读方式，但却是一种行之有效的方式。其中，旁批是我最赞同的方式。中国古人就很喜欢这种阅读方式。它能帮助读者强化对文本中一些关目的认识与记忆，并在这一过程中不知不觉地将文本消化了，化为己有。旁批是一种点化，既使文本的美妙之处、神髓之处得到揭示，也使自己得到了升华。旁批还是一种很优雅的行为。想想当年古人拈笔对文本进行批注的样子，是何等风雅。②

读书笔记 ▶▶▶

我指导学生开展《红楼梦》整本书阅读，采用的最重要的方法之一就是认真阅读《红楼梦》并做好读书笔记，认真记录阅读中的疑惑之处并尝试对自己最喜爱之处加以点评。

事实证明，没有这种硬着头皮通读全书并不断通过笔记整理阅读体会的经历，学生就很难形成阅读整部书的能力。

我之所以如此强调评点批注及读书笔记，因为它是整本书阅读学习的重要载体：师生间的交流，学生的自我阅读，学生的阅读成果，基本上借助笔

---

① 王蒙. 王蒙评点红楼梦 [M]. 桂林：漓江出版社，1994.
② 曹文轩. 教学，让作品意蕴丰厚——徐杰老师执教《草房子》课例评点 [J]. 中学语文教学参考（教师版），2010（5）.

记展开。

这是十分典型的具有浓厚语文风味的学习方式。

这与古人一直提倡的札记极为类似。学生的疑惑、体会，偶然产生的思维火花、即兴的议论评价都在读书笔记上留下了记录。教师的指导、批语也借助这一平台实行。同时，教师可以借此全面真实地了解学生阅读所达到的实际程度，对学生的阅读指导便不至浮光掠影、大而化之。

在整本书阅读教学过程中，教师指导学生在规定时间内自读规定章节，并依据"两点论"撰写读书笔记。所谓"两点论"，一指"疑点"，要求学生记录阅读中感到困惑之处；二指"亮点"，要求学生写出自己阅读过程中发现的文本妙处或一得之见，学生至少选取一处感触最深的内容加以分析评说。

例如，阅读《红楼梦》前五回，学生在读书笔记中就曾经提出如下疑惑：

《红楼梦》一书为什么有那么多的异名？
甄士隐与贾雨村在书中究竟有什么作用？
顽石、通灵玉、神瑛侍者、贾宝玉之间有什么联系？
作者写甄宝玉用意何在？
秦可卿在书中有什么作用？
《好了歌》、太虚幻境"判词"以及《红楼梦》十二支曲如何理解？

这些读书笔记是教师开展整本书阅读教学重要的学情资源。教师应课前浏览、批阅学生的读书笔记，并且做出详细的批阅后记，整理学生的问题及心得。对于个别性的问题直接在笔记中与学生笔谈或当面解说，对于关键问题应专门在选修课上重点释疑；对于学生的精彩点评或印发给学生或由作者在课上发言阐释。

随笔写作 ▶▶▶

我在《红楼梦》整本书阅读教学中，收获最大的是学生的读书随笔。教师与学生在一起读"红楼"、品"红楼"、评"红楼",写下了大量的读书笔记。学生用自己的眼睛、自己的心灵感受着数百年前人物的恩爱悲欢、人生百态,他们又用自己的笔记下了那独特的感受和不乏深刻的思想。

随笔写作的内容,主要包括以下三类:

(1)学生在阅读过程中的所思所感;

(2)学生之间互相交流、质疑问难的结果;

(3)学生围绕特定主题所开展的深度研究。

为了使得随笔写作发挥更大的效益,教师与学生的反馈评价非常重要。教师不断监控学生随笔写作的进展情况,不断通过评价手段激励学生开展随笔写作活动,使得整本书阅读能够持续有效地深入进行。教师一方面需要注重过程评价,只要学生结合阅读内容撰写随笔,教师就必须对这一活动本身给予肯定。当然结果评价也不可少,教师可以通过微型论坛、小先生导读、推荐发表等方式展示学生的研究成果。

学生开展《红楼梦》整本书阅读过程中,撰写了大量随笔及主题研究论文,兹摘录其中数篇以飨读者。

红楼亲情录

一边是残酷的封建礼教,一边是至纯至坚的亲情;一边是对自然人性的羁绊与压抑,一边是对人性固有情意的寻觅与追求,这是《红楼梦》身上一道重重的印痕。我常在这辛酸一梦中苦苦寻找亲情所折射的光彩,然而,我却常常品味到淡淡的清苦。

——探春忙道:"这大嫂子也糊涂了,我拉扯谁?谁家姑娘拉扯奴才了?他们的好歹,你们该知道,与我什么相干。"

——贾政冷笑道:"倒休提这话,我养了这不肖的孽障。已不孝,教训他一番,又有众人护持;不如趁今日一发勒死了,以绝将来之患!"说着,便要绳索来勒死。

——贾赦听说,便知自己出言冒撞,贾母疑了心,忙起身笑与贾母把盏,以别言解释，贾母亦不好再提。

堂堂贾府三小姐，知书达理，温文尔雅，但谈及自己生身母亲，竟以"奴才"称之、待之，她何曾同情怜悯过"在这屋熬油似的熬了这么大年纪"的地位低下的母亲，何曾有爱母敬母之心，以报答十月怀胎之恩，是否她渡过忘川，来到这枷锁重重的世界上，就注定要迷失本性？

堂堂贾府家长贾政，一派正襟危坐之态，只因儿子背离了自己的道德准则，不惜要亲手勒死他与王夫人半百所得的"神彩飘逸，秀色夺人"的儿子。

而贾赦与贾母之间互相猜疑与隔阂也白描般地从一个生活细节中淋漓尽致地表现出来。赦、政二子形成两股势力，不择手段，以求博得这大家庭中最高统治者的欢心；而每一次交锋，每一次与母亲共处，其战战兢兢、小心翼翼、阿谀之态毕露。在这里，可以找到一分一毫"亲情"的色彩吗？

也许亲情向上的吁求每每被下坠的礼教枷锁牵绊，纯真亲情常深陷为泥淖深处的挣扎，因此，在这辛酸一梦中，我是注定要品尝这清苦。

聪明绝顶的刘姥姥

在《红楼梦》中，我很是不喜欢刘姥姥，却又不得不佩服她的聪明绝顶，她的处世老道。

身为乡村老妪，她并没见过贾府般的奢华，然而，她却深知"这长安城中，遍地都是钱。只可惜没人会去拿去罢了"。于是，她在家中无钱置年货之时，带着孙子板儿去那早已无甚瓜葛的贾府"打抽丰"。

按常规，去贾府这等人家应派个体面些的，但刘姥姥此时显得老谋深算，狗儿"是个男人。又这样个嘴脸，自然去不得；我们姑娘年轻媳妇子，也难卖头卖脚的，倒还是舍着我这付老脸去碰一碰。果然有些好处，大家都有益；便是没银子来，我也到那公府侯门见一见世面，也不枉我一生"。

确如她所说，她才是最佳人选。熟谙"谋事在人，成事在天"的她第一次走进贾府。

这一次，她自然会受到些冷遇，但这算什么呢？——那二十两银子几乎可让她一家过一年的。于是她"喜得又浑身发痒起来",忙不迭地奉承、讨好凤姐。话虽有些粗俗,可是效果却非常显著。

当刘姥姥第二次踏进贾府时,再不是空着双手了——她家的瓜果菜蔬是"头一起摘下来的,并没敢卖呢,留得尖儿孝敬姑奶奶姑娘们尝尝"。这些新鲜蔬果在刘姥姥看来远比不上那二十两银子,但是"姑娘们天天山珍海味的,也吃腻了,吃吃这个野意儿,也算我们的穷心"。老太太、姑娘们自然欢喜,聪明的刘姥姥也正在此时发现了自己的乡土气息已成为自己在贾府的最佳卖点——那是一种与贾府完全不同的味道。

于是贾母一高兴,便留她多住了一二日,刘姥姥这只母蝗虫真正是舍着这副老脸,充分利用了自己的最佳卖点,逗得姑娘们十分开心。这种开心,与平日里贾府的热闹风马牛不相及。这种开心,这种快乐是很纯粹的。刘姥姥的二进大观园,带进的不仅仅是新鲜的蔬果,更是给禁锢阴暗的贾府带进了自由的、天然的春天。

贾府里的人已经很久没有见过如此纯粹的春天了,这短暂的春光给他们留下了极深的印象。

刘姥姥要走了。

贾府亦从此与快乐无缘。

刘姥姥的辛苦换来了贾母、王夫人、凤姐等诸人的又一次施舍——也不知让刘姥姥念了几千声佛。

刘姥姥欢天喜地地满载而归。所付出的仅是庄户人家的新鲜果蔬。一本何止万利。其中的妙处便在于聪明的刘姥姥恰如其分地利用了自己的最佳卖点。

好一个聪明的刘姥姥!

第二次节目预告

在《红楼梦》的第五回,贾宝玉神游太虚境时,作者通过《红楼梦》十二支曲及"金陵十二钗正册、副册、又副册"暗示了书中主要人物的大体命运,可称为全书的首次节目预告。而在第二十二回"听曲文宝玉悟禅机,制灯谜贾政悲谶语"中，作者再次以灯谜暗示了部分人物的将来，可称之为第二次节目预告。

"能使妖魔胆尽摧，身如束帛气如雷。一声震得人方恐，回首相看已成灰。"这的确是贾元春一生的写照。元春初入宫作女史，后又被封为凤藻宫尚书，加封贤德妃，此时，她的一生也达到了顶峰，真可谓是"能使妖魔胆尽摧"。然而，好景不长，"回首相看已成灰"，元春数年后就死去，一切辉煌转眼间便成旧迹。同时，贾府的兴衰与这灯谜也有惊人的相似之处。全书刚开始时，贾府是金陵城几大望族之一。想当初，秦可卿死时，元妃省亲时，贾府的势力是何等煊赫盛大，但很快就不断地衰败，只能勉强维持一个架子。然而此后宫廷夺权斗争（可能有其他原因，但放高利贷、勾结外官等绝非根本原因），使贾府这正在衰亡的家族再也挺不住了——"回首相看已成灰"。

再看探春出的灯谜："阶下儿童仰面时，清明妆点最堪宜。游丝一断浑无力，莫向东风怨别离。"贾探春的命运正如这风筝。她未出嫁前，在贾府虽非王夫人所生，然而地位也不低，可是"游丝一断浑无力，莫向东风怨别离"。在书末，探春远嫁他乡，此后便如断线的风筝飘荡在外，远离父母亲人。

猜灯谜之时，惜春也在场，然而书中却没有提她的灯谜。若说她不懂诗，那也不对，因为贾迎春文才与她相仿，况且元妃省亲时惜春也曾作一首诗，足见她有能力打一个灯谜。但她为什么没有制灯谜呢？大概这与她的性格不无关系，惜春最后出家修行，与这似乎也有一定的联系。

一枝一叶总关情。一次灯谜制作，居然也会成为预示全书人物命运的关键，这不能不让人佩服曹雪芹的文学才华。

难得的亲情

薛蟠，在《红楼梦》里面是一位令人讨厌的人物。他从小就性情暴躁，言语傲慢，虽也曾上过几天学，不过略识之无。终日好的是斗鸡走马、游山玩水而已。然而，他也有自己闪光的一面，那就是对母亲、妹妹的关心和爱护。

就如他过生日时，朋友送给他的鲜藕、西瓜、鲟鱼和暹罗猪，他连忙拿来孝敬父母和贾府的长辈们。和贾珍、贾蓉等比起来，薛蟠此举就显得非常难得。

又如宝玉挨打，宝钗和母亲错以为是他从中捣鬼，薛蟠是个粗人，一时受不了这冤枉气，在气头上说了一些惹母亲和妹妹伤心的话。而第二天薛蟠向她们道歉的情形就不由得让人对他刮目相看。你看他的一番话，是何等的感人至深。他说："我若再和他们一处逛，妹妹听见了，只管啐我，再叫我畜生、不是人如何？何苦来，为我一个人，娘儿俩天天操心！妈为我生气还有可恕，若只管叫妹妹为我操心，我更不是人了。如今父亲没了，我不能多孝敬妈多疼妹妹，反教娘生气妹妹烦恼，真连个畜生也不如了。"口里说着，眼睛里也禁不住滚下泪来。这是何等感人的场面。当你读到这里时，你是否会认为薛蟠其实也是一个有情有义的人呢？

一个纨绔子弟、豪门恶少，在曹雪芹笔下，居然也如此丰富生动，真要让人佩服他的千钧笔力了。

龄官——又一位黛玉

提起龄官，我们眼前便浮现出一幅美妙的图画：夏日的一天中午，静无人语，蔷薇花架下，一位女孩边哽咽着蹲在地上，边用簪子在地上痴痴地画着"蔷"字。"只见这女孩子眉蹙春山，眼颦秋水，面薄腰纤，袅袅婷婷，大有林黛玉之态。"龄官的第一次出场，作者便为我们勾勒出这样一位"大有林黛玉之态"的与众不同的痴情女子。

《红楼梦》第三十六回，再次突出了龄官的黛玉之态。当宝玉来到龄官房内，龄官并没有像其他女孩一样忙着为他让座，她依旧独自倒在枕上，纹丝不动；当宝玉进前来身旁坐下，赔笑央她起来唱"袅晴丝"一套，谁知龄官见他坐下，忙抬身起来躲避，正色说道："嗓子哑了。前儿娘娘传进我们去，我还没有唱呢。"除了在黛玉面前，这可是宝玉从未遇到过的冷遇！如果说龄官的这些言行还只是有点黛玉的几分影子，还不足为奇，那么当贾蔷提着雀儿笼子前来为龄官解闷时，龄官的个性、内心情感的"林黛玉风格"就得到了淋漓尽致的展现。你听，龄官说："你们家把好好的人弄来，关在这牢坑里学这个劳什子还不算,你这会子又弄个雀儿来,也偏生干这个。你分明是弄了他来打趣形容我们,还问我好不好。"这不简直就是黛玉的口吻吗?敏感,自尊,受不得一点委屈。

按理说,龄官在大观园的处境并不太糟糕,但是她把贾府看作是个"牢坑"。正如黛玉身处"花柳繁华地,温柔富贵乡"的大观园中,却发出"一年三百六十日,风刀霜剑严相逼"的悲吟。

而且,从中我们分明还看到了一个女孩子的无限痴情。贾蔷来看龄官,龄官起初虽对他发了一通脾气,但是当贾蔷要为她请大夫时,她却充满怜惜地说道:"站住,这会子大毒日头底下,你赌气去请来我也不瞧。"这一番话语简直让宝玉看着痴了,并且从此深悟人生情缘各有分定。

《红楼梦》在后文中没有再提龄官,然而只此一笔,这样一位与黛玉如此相像的女子就永远活在了千万读者的内心深处了。

薛宝钗的言语技巧

宝钗真不愧为大家闺秀。她不仅美貌动人,而且说起话来也是合理得体、韵味十足。听她说话,确实让人有"如饮醇酒"的感觉。

在第三十四回中有这样一则故事:

宝钗向袭人询问宝玉挨打的原因,袭人一时失言,牵涉到宝钗的哥哥——薛蟠。宝玉唯恐宝钗会因此太难堪,连忙止住袭人的话。袭人立即意识到自己说话造次了,心中只怕宝钗会生气。这时,宝钗是什么反应呢?

宝钗听说,便知道是怕他多心,用话相拦袭人,因心中暗暗想道:"打的这个形象,疼还顾不过来,还是这样细心,怕得罪了人,可见在我们身上也算是用心了。你既这样用心,何不在外头大事上作工夫,老爷也喜欢了,也不能吃这样亏。但你固然怕我沉心,所以拦袭人的话,难道我就不知我的哥哥素日恣心纵欲、毫无防范的那种心性。当日为一个秦钟,还闹的天翻地覆,自然如今比先又更利害了。"想毕,因笑道:"你们也不必怨这个,怨那个。据我想,到底宝兄弟素日不正,肯和那些人来往,老爷才生气。就是我哥哥说话不防头,一时说出宝兄弟来,也不是有心调唆:一则也是本来的实话,二则他原不理论这些防嫌小事。袭姑娘从小儿只见宝兄弟这么样细心的人，你何尝见过天不怕地不怕，心里有什么口里就说什么的人。"袭人因说出薛蟠来，见宝玉拦他的话，早已明白自己说造次了，恐宝钗没意思，听宝钗如此说，更觉羞愧无言。

这段话说得确实很好。既打消了宝玉、袭人方才的担心，又堂皇正大地为其兄薛蟠作了辩解。既使袭人"更觉羞愧无言"，对宝钗感激佩服，又使宝玉"更觉比先前畅快了"。

仔细品味这句话，可以学到许多言语交际艺术。

（1）交谈时的表情至关重要。你看，宝钗是未曾言语先微笑。笑，意味着坦诚和愉悦，意味着微笑者与对方并没有冲突，并不计较对方的些许失礼。这初步消除了宝玉、袭人的担心，使他们认识到宝钗心中并不恼怒。微笑，为宝钗交流的成功奠定了基础。

（2）掌握说话的分寸。与人交谈，既要充分考虑别人的心理，也要考虑自己的利益想法。宝钗的这番话便很有分寸。她首先指出了宝玉的不是，之后又全面分析了薛蟠的性格——"说话不防头，一时说出宝兄弟来，也不是有意调唆"。如此一番话，确实起到了一石二鸟的作用。既为自己的哥哥做了开脱，也顾全了袭人的面子。试想，如果宝钗一味指责宝玉或一味地为薛蟠开脱，会有什么样的结果？

（3）注意说话细节。不知大家注意到没有？宝钗在谈话中把袭人称为"袭姑娘"。这称呼上的细微的变化反映了宝钗对袭人的敬重，这在一定程度上也消除了两人之间由于身份不同而造成的隔阂，使得袭人又感动又羞愧。

宝钗，真不愧是大观园中的"言语交际大师"。

最后的辉煌
——尤三姐性格分析

《红楼梦》中众多女儿，如同黑暗天幕上闪闪烁烁的星，在漆黑黯淡的环境里努力绽放自己的光芒。如果说林黛玉是孤傲的北极星，遗世而独立；薛宝钗是明亮的启明星，在众星沉寂之时她却冉冉上升，那么，尤三姐就是刹那间划过天际绚烂的流星，辉煌而炫目，她短暂的一生，如同烟花般灿烂夺目。

尤三姐原本是一道清澈的急流，却因为环境恶劣而不得不夹带着泥土和沙石。她不是小姐，没有高贵的出身和纯正的血统，但她和大观园中的贵族小姐一样，有着凛然不可侵犯的尊严。

尤三姐是个极有见识的女子，她决计不会被眼前的假象迷惑。这一点，她和她的姐姐尤二姐截然不同。二姐胆小，柔弱，轻信，被贾珍、贾琏两兄弟玩弄于股掌之间，而三姐却能清楚地看到贾家男人的虚伪，肮脏，不管他们怎么百般撩拨，也只是淡淡相对，根本就不会上钩。三姐心里非常清楚贾家的男人们全都是逢场作戏，决非终生依靠之人。且三姐心气甚高，她从心底厌恶这些酒囊饭袋。当这些渣滓对貌若天仙的三姐垂涎，想摘这朵满是刺的玫瑰花时，那他们当真是看走了眼，三姐用自己的方式，捍卫着自己高贵的尊严：她指着贾琏的鼻子破口大骂，揪着他灌酒，高谈阔论，任意挥霍，村俗流言，撕下贾家兄弟道貌岸然的面具，抖出他们见不得人的腌臜想法。当看着贾家的大老爷们被一个小女子整得如同瘟鸡般蔫了，当看到三姐痛快淋漓地怒斥那些废物，恐怕所有人都要喊一句：快哉！

三姐是性情中人，恨起来轰轰烈烈，爱起来一样轰轰烈烈。在她内心最深处、最纯净的地方为那萍踪不定的浪子——柳湘莲，留下了空位。三姐痴心地等待着湘莲的到来。任何女孩子等待爱人到来的心都是温柔的。而可叹两人虽有此缘，却无此份。终因别人一句玩笑，使湘莲竟然怀疑三姐不贞。然而三姐如此刚烈之人，如何能忍受被人误会，尤其被自己的爱人不信任，最终，三姐选择了最激烈的方式——自刎，来向湘莲表明自己的心迹。此等有情义有气节，实乃《红楼梦》第一人！各朝各代殉国殉主的英雄都被视为精神的楷模，为感情付出生命的人同样是人类精神升华的代表。三姐用全部的热情和生命，为自己短暂的一生写下了一个最灿烂的结尾。自刎的一刻，三姐如同烟花飞向天空，光照四野。这时的湘莲怀着痛彻肺腑的悔恨仰望三姐不死的灵魂，痛哭之后，遁入空门。然而，空门不是伤心人疗伤的地方，它只是给了你一块布，蒙上自己的眼睛，不去看自己的伤口而已。湘莲的伤痛证明了三姐和他是如此相似，我们在伤感之余，只能自己安慰自己，三姐没有看错人。

也许今天，我们再也不需要用死来表达自己内心的感受，三姐所选择的道路确实过于极端，毕竟死只能逃避现实，而不能改变现实。但没有一个性情中人会笑三姐是个傻子，宁为玉碎不为瓦全的精神有着巨大的震撼心灵的力量，平静的生活同样需要骨子里不屈的精神，生命即使短暂，也应该现出灿烂的辉煌。

人生的大悲剧

淅淅沥沥的雨夜，掩上《红楼梦》，想着宝玉，和他一样思考着生与死，思考着爱与恨，思考着罪与罚，思考着平淡与繁华。

十七岁的人生，仿佛参不透所有的玄机，十七岁的繁花似锦，不应该沧桑，却看到大观园里落花成冢的哀伤。青春，是人类对世界的认识从蒙昧走向清醒的开端。人生还没有真正开始，宝玉就已经独自面对着许多人一辈子都不会想的，许多哲人想了一辈子也想不透的人生的终极问题。宝玉没有雄心壮志，对仕途经济也无丝毫的兴趣，宝玉是个典型的空想家。但是，他至少比宝钗更清楚人生的本质，知道自己的命运，这使他看起来就远比宝钗更有灵性。薛宝钗现实而麻木。她看起来虽然精明而幸福，想回避或逃避生活的本质，但根本上却不可能逃逸于生活之外。宝玉不被常人理解，别人笑他痴，说这孩子有些呆性。事实上，这位年轻的思考者要比那些麻木的人冷静且成熟。找不到答案的思考是痛苦的，宝玉由痛苦而绝望。

宝玉生错了时代，他处在黑暗时代的最后黑暗中，他看不到任何的曙光，也找不到任何的答案，甚至向相反的方向摸索。人的诞生和死亡是无法选择的，宝玉人生的悲剧从他出生开始便已注定。

孩提时代的确是人生的黄金时代，正如人类社会漫长的发展历程一样，原始社会人们无知、单纯、容易满足，很多无法面对和解决的问题由此而被忽视，所以感到幸福和快乐。没有一个孩子会叹气，会感到无奈。然而社会的发展和个人的成长是同样无法违背的自然规律，世界上没有一种药可以让人永远也不长大。每个人都会长大，有些人浑浑噩噩地长大了，有些人巧妙地绕过了成长路上的许多荆棘,他们是幸福的。而有些人却感受到成长撕心裂肺的痛楚,就像宝玉,他的心灵还没有长上厚厚的老茧作为防护,就要面对人生最惨痛的问题,除非是个麻木不仁的人,没有人能逃脱这些问题,忍受这些痛苦。所以,宝玉的面前只有两条路,或是出家,或是自杀。这是无法抵抗的最后的抵抗。依照宝玉的性格,出家恐怕也就是最好的方式了。

也许诸多的看家皆认为《红楼梦》的悲剧性来自金陵十二钗飘零的身世。其实不然,《红楼梦》中最大的悲剧是宝玉青春的不幸,人生的悲剧。其实宝玉的一生只是十二岁到十九岁短短七年,出家了的宝玉已经不再是宝玉了,宝玉的生命到此结束。刚刚清醒认识自己的人生,却没有出路;刚刚从蒙昧中走出,生命就结束了。

对于九旬老叟来说,是无比的幸福。

对于十九岁少年来说,是莫大的不幸。

核心技术六

深度比较导读

一、文本内部比较

所谓文本内部比较指的是：针对所阅读的整本书中相关内容，确定若干具有一定关联性的事物加以比较分析，研究其相似点、不同点，在比较中见出规律性或发现特异性。例如，在《红楼梦》中，可以针对书中两位身份地位完全不同却又有异曲同工之妙的两位祖母形象——贾母与刘姥姥开展比较研究。

文本内部比较示例 ▶▶▶▶

兹以《红楼梦》中贾母与刘姥姥两位人物为例，对文本内部比较活动略加阐释。

《红楼梦》中有两位了不起的老太太——贾母与刘姥姥。虽一位身居贾府最上层，一位处在社会最底层，却又是那么和谐地走到了一起。

她们的身世地位如此悬殊，但人生阅历和生活体验却又有着极大的可比性。

1. 贾母——受得富贵耐得贫

贾母，首先是一位慈祥的祖母。这位史侯之女，贾赦、贾政、贾敏之母，宝玉的祖母，黛玉的外祖母，是贯穿全书的主要人物之一。她是一个深明大义、享得起富贵也经得起风雨的了不起的老人。她通情达理、心性旷达。她在家庭中享有崇高的地位，是维护整个贾府秩序的支柱，她的死亡，标志着贾府这个大家庭的彻底崩溃。

小说从贾母的晚年开始。她一出场，就是一位慈祥的老祖母。她鬓发如银，面带微笑，雍容华贵，享受着含饴弄孙的天伦之乐。她带着一群活泼美丽的孙儿孙女，游宴玩乐，安享晚年。享乐，是贾母晚年生活的一大主题。

她尤其喜爱自己的孙儿宝玉，成了宝玉离经叛道的保护伞。这也不单是溺爱——经过几代人之后，贾府子孙是一代不如一代，只有宝玉才华出众、风神飘逸。在贾府几代人中，贾母也就看到只有宝玉才有一点乃祖气度："我养这些儿子孙子，也没一个像他爷爷的，就只这玉儿像他爷爷……"（二十九回）于是，宝玉在祖母的庇护下得以尽情地发展着自己的自由个性！

贾母是个很会享清福的人。她对刘姥姥说："不过嚼得动的吃两口，睡一觉；闷了时，和这些孙子孙女们玩笑会子就完了。"年轻人欢聚，她总在场，她出现在哪里，哪里就有欢声笑语。总体上，她对下人是和蔼的、慈祥的，对贫贱之人也是"惜老怜贫的"。

她为宝玉选择配偶时，最终弃黛而选钗，还"批准"并参与了凤姐设下的"调包计"。这不是因为她不爱黛玉，她只是希望自己的孙媳妇是个身体健康、善于持家，能够成为贾府内当家的女子，按照这样的标准，就只有宝钗是最佳人选。作为贾府的核心，她势必首先要考虑整个家族的整体利益。于是，当黛玉惨死之时，贾母首先就哭了出来："是我弄坏了他了。但只是这个丫头也忒傻气！"她含着泪对黛玉的阴灵说："并不是我忍心不来送你，只为有个亲疏。你是我的外孙女儿，是亲的了；若与宝玉比起来，可是宝玉更亲些。……"这也不是她的虚情假意，而是发自真心的肺腑之言。这是那个时代忽视人的感情、只重家族利益的必然结果。我们不能用今天的价值观来评判那个时代的人。

贾母有胆识。她绝不是一个平庸昏昧的老糊涂。她嫁到贾家时正值贾府鼎盛时期，我们可以想象昔日年少貌美的新媳妇是如何有条不紊地治理着贾府的。贾母曾自豪地说："当日我像凤丫头这么大时，比他还来得呢！"（三十五回）你以为这是贾母在吹嘘卖弄吗？错了。让我们看看贾府被抄之后，当众人乱成一团，连王熙凤也一蹶不振时贾母镇定自若运筹自如的气度吧。

贾母叫邢王二夫人同了鸳鸯等，开箱倒笼，将做媳妇到如今积攒的东西都拿出来，又叫贾赦、贾政、贾珍等，一一的分派说："这里现有的银子，交贾赦三千两，你拿二千两去做你的盘费使用，留一千给大太太另用。这三千给珍儿，你只许拿一千去，留下二千交你媳妇过日子。仍旧各自度日，房子是在一处，饭食各自吃罢。四丫头将来的亲事还是我的事。只可怜凤丫头操心了一辈子，如今弄得精光，也给他三千两，叫他自己收着，不许叫琏儿用。如今他还病得神昏气丧，叫平儿来拿去。这是你祖父留下来的衣服，还有我少年穿的衣服首饰，如今我用不着。男的呢，叫大老爷、珍儿、琏儿、蓉儿拿去分了，女的呢，叫大太太、珍儿媳妇、凤丫头拿了分去。这五百两银子交给琏儿，明年将林丫头的棺材送回南去。"分派定了，又叫贾政道："……你也是我的儿子，我并不偏向。宝玉已经成了家，我剩下这些金银等物，大约还值几千两银子，这是都给宝玉的了。珠儿媳妇向来孝顺我，兰儿也好，我也分给他们些。这便是我的事情完了。"贾政见母亲如此明断分晰，俱跪下哭着说："老太太这么大年纪，儿孙们没点孝顺，承受老祖宗这样恩典，叫儿孙们更无地自容了！"贾母道："别瞎说，若不闹出这个乱儿，我还收着呢。只是现在家人过多，只有二老爷是当差的，留几个人就够了。你就吩咐管事的，将人叫齐了，他分派妥当。各家有人便就罢了。譬如一抄尽了，怎么样呢？我们里头的，也要叫人分派，该配人的配人，赏去的赏去。如今虽说咱们这房子不入官，你到底把这园子交了才好。那些田地原交琏儿清理，该卖的卖，该留的留，断不要支架子做空头。我索性说了罢，江南甄家还有几两银子，二太太那里收着，该叫人就送去罢。倘或再有点事出来，可不是他们躲过了风暴又遇了雨了么。"

贾政本是不知当家立计的人，一听贾母的话，一一领命，心想："老太太实在真真是理家的人，都是我们这些不长进的闹坏了。"……贾母道："……你们别打谅我是享得富贵受不得贫穷的人哪，不过这几年看看你们轰轰烈烈，我落得都不管，说说笑笑养身子罢了，那知道家运一败直到这样！若说外头好看里头空虚，是我早知道的了。只是'居移气，养移体'，一时下不得台来。如今借此正好收敛，守住这个门头，不然叫人笑话你。你们还不知，只打谅我知道穷了便着急的要死，我心里是想着祖宗莫大的功勋，无一日不指望你们比祖宗还强，能够守住也就罢了。……我到你们家已经六十多年了。从年轻的时候到老来，福也享尽了……"

贾母在贾府遭受惨重打击之时，泰山崩于前而不惊，镇定自若，应对从容，犹如大将排兵布阵，胸中有万千丘壑。你看她，有条不紊，一一安排部署妥当。对所有子孙，一一考虑周到，对被抄后贾府的对策安排得体，对前来寄存家财的世交江南甄家的"银子"也不忘赶快送去，对自己的一生作了彻底的总结，令读者嘘唏感动，令贾府子孙倍增愧怍。贾母毕竟是老一辈人，是第一代创业者荣国公的长子贾代善之妻，她身上还有着祖辈当年创业的传统，与下几代人从一出生就养尊处优、衣来伸手大不相同。被抄了家，她并不认为是塌了天，而认为正好借此收缩清理；对于凤姐，贾母是安慰补助，愈在多事之秋，愈注意内部的团结，自比贾政、王夫人平日既不管事又瞎干涉，遇事则把管事的凤姐、贾琏埋怨一番要高明得多。

贾母临死前的那一番话睿智而诚恳，充分表现出她对子孙的牵挂和疼爱。她对宝玉说："我的儿，你要争气才好！"对贾兰，贾母道："你母亲是要孝顺的，将来你成了人，也叫你母亲风光风光。"对凤姐，贾母道："我的儿，你是太聪明了，将来修修福罢……"最后，瞧了一瞧宝钗，叹了口气，只见脸上发红……合了一回眼，又睁着满屋里瞧了一瞧……听见贾母喉间略一响动，脸变笑容，竟是去了，享年八十三岁。

这段至性至情的描写，感人肺腑，催人泪下。这位老太太，留给读者最辉煌的形象是离世前的从容与高贵。她如同一轮夕阳，在最后坠入西天时，用自己的余晖把世界映照得一片通明！

2. 刘姥姥——身份卑贱、人格高贵

刘姥姥何尝不是一位慈祥的祖母呢？

她没有福气像贾母那样躺在床上享受丫鬟们的服侍、儿孙们的孝顺。为了生计，她拉着小孙儿在豪门大户前瑟缩求告，想办法攀上多年没有来往的干亲。

她经历的事多，老于世故，知道怎样迎合贾府的太太奶奶们。她故意编一个"垂垂老人吃斋念佛，感动观音终于老来得子"的故事。她说话要挑着贾母、王夫人爱听的说，甚至要装疯卖傻，逗太太小姐们开心。你看她吃饭前故

意鼓着嘴说："老刘老刘，食量大如牛，吃个老母猪不抬头。"你再看她，长年生活在农村，哪里会不知道鸡蛋鸽蛋，但在贾府吃饭时却故意说："这里的鸡儿也俊，下的蛋也小巧，怪俊的……"引得众人哈哈大笑。

你当她真的如此糊涂？其实她心里明白得很："咱们哄着老太太太太开个心儿……你先嘱咐我，我就明白了，不过大家取笑儿……"这是大智若愚的刘姥姥。

你不要看到第六回中刘姥姥初进荣国府时那种种未见过世面的可笑举止就在心里暗暗鄙夷她。其实，刘姥姥除了社会地位低，有些贫寒外，她的智商绝对不低。她的种种可笑的言行只是由于家境所限。但她绝对不比贾府里的那些太太小姐们愚蠢，她有着别样的智慧。她有着丰富的人生经验和下层社会的经历。她和贾母是两个不同阶层里的了不起的人物。

刘姥姥这一形象除了有其自身独特的魅力外，在书中还起到了独特的作用。

首先，刘姥姥如同一根长线串起了整部《红楼梦》。从第六回起，作者就从那"千里之外，芥豆之微，小小一个人家"里的刘姥姥说起，通过这位乡村老妪的眼睛，刻画出贾府那种富贵煊赫的态势，从此开始了对贾府全面细致的描写。第二次进荣府，又全面细致地写出了大观园里的人事物态、享受与奢侈；而在贾府被抄一片萧条之际，刘姥姥再次来到贾府设法救走了凤姐之女巧姐，原来的受恩者成了施恩人。一个刘姥姥，见证了一个大家族由盛到衰的全程。

其次，刘姥姥这一形象还有助于其他主要人物的塑造。

第六回，就通过刘姥姥的眼睛显出了王熙凤的风神情态。所以，古人评价说："此回写刘妪，却是写阿凤正传。"刘姥姥见凤姐时的一段描写更是传神之极，凤姐的倨傲、高贵，以及做出来的客套与热情跃然纸上，令人难忘。

那凤姐儿家常带着秋板貂鼠昭君套，围着攒珠勒子，穿着桃红撒花袄，石青刻丝灰鼠披风，大红洋绉银鼠皮裙，粉光脂艳，端端正正坐在那里，手内拿着小铜火箸儿拨手炉内的灰。平儿站在炕沿边，捧着小小的一个填漆茶盘，盘内一个小盖钟。凤姐也不接茶，也不抬头，只管拨手炉内的灰，慢慢的问道："怎么还不请进来？"一面说，一面抬身要茶时，只见周瑞家的已带了两个人在地下站着呢。这才忙欲起身，犹未起身时，满面春风的问好，又嗔着周瑞家的怎么不早说。

因此说，写刘姥姥其实就是写凤姐。

再次，是从另一角度对贾府的介绍，与林黛玉进贾府相为映衬，在贾府门前，刘姥姥见到的是豪门大族的写照，这是林黛玉根本不会看到的情景：门前有簇簇轿马，几个看门人"挺胸叠肚指手画脚"坐在大板凳上，对刘姥姥的问讯"都不瞅睬，半日方说……"

当刘姥姥走进荣国府时，更是眼花缭乱："才入堂屋，只闻一阵香扑了脸来，竟不辨是何气味，身子如在云端里一般。满屋中之物都耀眼争光的，使人头悬目眩。刘姥姥此时惟点头咂嘴念佛而已……刘姥姥只听见咯当咯当的响声，大有似乎打箩柜筛面的一般，不免东瞧西望的。忽见堂屋中柱子上挂着一个匣子，底下又坠着一个秤砣般一物，却不住的乱幌。刘姥姥心中想着：'这是什么爱物儿？有甚用呢？'正呆时，只听得当的一声，又若金钟铜磬一般，不防倒唬的一展眼……"这段描写把一个农村老太太进入大家族的神态写得活灵活现，尤其是对自鸣钟的描写更是神来之笔。

刘姥姥又是一个具有朴素道德的"圣人"。

贾府被抄，害怕者避而远之，仇恨者幸灾乐祸，也有人落井下石，还有人趁火打劫。从前交往的那些达官贵人、亲朋至友，没有一个敢出头露面的。只有刘姥姥一听到消息：

"我就几乎唬杀了……昨日又听说老太太没有了，我在地里打豆子，听见了这话，唬得连豆子都拿不起来了，就在地里狠狠的哭了一大场。我和女婿说，我也顾不得你们了，不管真话谎话，我是要进城瞧瞧去的。我女儿女婿也不是没良心的，听见了也哭了一回子，今儿天没亮就赶着我进城来了……"

这种质朴纯真的感情着实让人感动不已。这就是质朴高尚的下层百姓的感情。

《变形记》导读

如何在课堂上开展整本书阅读教学？如何体现导读中的"文本内部关联"特性？兹以《变形记》整本书阅读为例略加阐释。

《变形记》是一座高山。大凡走近它的人，莫不被它深邃幽渺的意境吸引，被它苍凉悲悯的格调震撼。那么，在教学中，如何让学生沉潜其中，尽情领略这座高峰的旖旎风光？如何让学生从中得到语文的滋味乃至人格的滋养呢？

一部《变形记》含义极为丰富。情节、人物、主旨、手法均有可圈可点之处，值得品味的地方实在太多太多。《变形记》整本书阅读教学也无需面面俱到。那么，在阅读教学中，究竟应该确定怎样的阅读主题呢？

"变形"无疑是《变形记》中最引人注目的词语。这里的"变形"具有多重意义，除了格里高尔生理上的变形和当时社会人们心理上的变形之外，"变形"本身作为一种艺术手法，也在《变形记》中得到淋漓尽致的发挥。《变形记》的变形其实是一种间离（或"陌生化"）技巧。卡夫卡认为，要能够重新思考并发现、洞察被习俗掩盖着的为一般人不注意的真实，需要一种特殊的艺术手法，即把描写的客观对象加以"陌生化"处理，让人们习以为常的生活披上奇异的色彩，这就是所谓的"变形"。这样做的目的是引起读者的惊异，迫使读者从另一个角度去探悉同一事物的本质。作者想借此揭示人与人之间，包括父母亲人之间，表面亲亲热热，内心却是极为孤独和陌生的实质：当格里高尔身体健康，每月能拿回工资供养全家的时候，他在家庭中倍受尊敬；但他一旦"变形"，失去了工作，因而无法与家庭保持这种经济联系的时候，他的一切尊严很快就被剥夺干净，甚至连维持生命的正常饮食都无人过问。

《变形记》形象地揭示了现代人面临的生存困境：人在现代社会激烈的生存竞争的压力下，渐渐丧失自我，以至无法把握自己的命运，人与人之间关系日趋冷漠乃至走向冷酷。因而，《变形记》可看作是一篇关于现代人生存问题的寓言。

以上内容，在教学中究竟应该如何处理呢？显然，"异化"的主题过于抽象，学生对此也比较陌生，倘若以此为教学主导目标，势必使教学陷于空洞，有可能使课堂成为哲学讲堂——脱离学生认知发展水平的教学是毫无意义的。

那么，本文"荒诞化"、夸张变形等艺术手法能够作为教学重点吗？事实上，学生对现代文学艺术的了解十分有限，绝大多数学生还是第一次接触《变形记》这类充满现代意味的作品。此时，如果过分注重手法分析，由于学生对此积累有限、体验不深，则教学也会陷入僵局。

另外关于《变形记》的研究，可谓汗牛充栋，这些外在资源当然有助于我们的整本书阅读教学。但是，我们发现有时候小说本身的故事就足以打动学生、感染学生。对于《变形记》这部难解的世界名著，也许不假外求，只是单纯从文本内部出发就可以获得极为丰富的学习资源。

那么，《变形记》整本书阅读教学究竟可以确定什么样的学习内容呢？只要看看学生在阅读时的心情就不难回答。学生在阅读小说时普遍感到心情沉重，学生为格里高尔的不幸而伤心，为格里高尔家人的种种行为而愤怒，同时又为人们在重大不幸之下的无奈和无助而悲悯、感叹。这时，打动学生内心的不是"异化"，不是"变形"，而是亲情的沦丧、人性的冲突！由于学生在亲情方面具有较为丰富的体验，容易与之产生共鸣。确定了这一主题，就等于找到了进入小说境界的主渠道、突破口。

于是，在教学中，我沿用了传统认识，将教学主题确定为：体验人性、认识人性，张扬美好的人性。这一主题的确定，是建立在对文本与学生两大维度的恰当分析之上的。整本书阅读主题其实不存在绝对的优与劣。一切以文本特征与学生实际状况为准。换言之，判定整本书阅读主题是否恰当，其实有一个标准：能否在文本与学生之间寻求一个最佳黄金分割点。于是有了如下的侧重文本内部关联比较的《变形记》整本书导读教学。

《变形记》教学实录

师：课前已经要求同学们反复阅读《变形记》了。今天我们一起品味这篇著名的小说。我们先来品读第一段。

（教师朗读课文第一段，以冷静而低沉的语气、语调渲染气氛，营造一种符合文本风格的课堂气氛。）

师：格里高尔变形后的身体感觉如何？

生：格里高尔变形后，身体上承受着极大的痛苦：为了能够向右边睡，他足足试了一百次，一直试到腰间感到一阵阵"隐痛"才不得不停止。

生：他只不过为了挠挠肚子上的"痒痒"，就要承受"浑身一阵战栗"这样的痛苦。

师：请大家想想，翻身、挠痒，这些在平时轻而易举的动作，现在对于格里高尔来说却是难于上青天。这说明了什么？

生：说明这次"变形"给他带来了极大的不方便。

师：格里高尔的"不便"是不是就这两点呢？能否再从文中找到一处？

生：我觉得格里高尔开门那一段写得特别精彩。

师：就请这位同学有表情地朗读格里高尔开门的那一段文字。

生：（缓缓而沉重地）格里高尔扒着椅子慢慢向门口移去……

师：读出了感情，读出了味道，很好。这段文字描写了格里高尔起床开门的经过。如果只能用一个词语来概括，你们认为这个词应该是——

生：（齐答）艰难！

师：大家感受到他的艰难了。请问，你们是从哪些词语、句子里看出他的"艰难"的呢？

生：他用嘴巴来转动钥匙，"这无疑已经给自己造成某种伤害了，因为一股棕色的液体从他的嘴巴里流出来，淌过钥匙并滴到地上……"我觉得这就是写格里高尔流着血在拼命地开门。开门，对一个正常人来说是轻而易举的事，可是格里高尔却要为此付出血的代价，可见他的艰难。

生:"他竭尽全力,死命咬住钥匙"也表明了开门的艰难。

生:"他随着钥匙的旋转而绕着锁孔舞动"。

生:他"吊在钥匙上,用全身的力量将钥匙压下去"也看出了他开门的艰难。

师:还有吗?(学生停顿,教师启发)本段第一句中,格里高尔为什么要"扒着椅子慢慢向门口移去"?

生:(恍然)格里高尔变成了甲虫,已经无法像人那样直立行走,所以要借助椅子"移动",到了门口,还要"用力撂下椅子",再借着这股力向门口扑去,最后又不得不依赖门板的支撑,才得以"直起身子"。从床铺到门口,几步路的距离,但是格里高尔却走得如此艰难!

师:(由衷地)分析得真好。不过,格里高尔为什么要如此艰难地挣扎着去开门呢?

生:为了上班。

生:为了不让父母担心。

生:害怕因此而失业。

师:是啊,已经如此处境艰难了,还是这样惦记着家人,为家人着想。联想到前面的内容,当格里高尔发觉自己变为"甲虫"时,虽然身体极为痛苦,但他内心关注的似乎却不是自己。大家说说,当时他关注的是什么?

生:是要去及时上班。

生:是要养家糊口。

生:是不想让父母太过担心。

师:我有句话想问问大家。当你突然遇到一件不幸的事,或者说你得了一场大病,你会怎么做呢?

生:我一定会想办法治好自己的病。

生:我至少要好好休息,好好保养自己。

(众生笑)

师:这都是非常正常的想法。但我们反观格里高尔,不觉得他太反常吗?他真的对自己毫不关心?

生：（沉吟）我想，恐怕是家庭生活的重压吧。他要是太关心自己，家庭怎么办？一个家庭总得有人要多作一点奉献的。

师：请注意，在这里，肉体的极度痛苦与内心的指向发生了异乎寻常的冲突，一般而言，任何人遭遇这种不幸都会痛不欲生，但格里高尔居然还想着自己的工作。这只能说明在他心中，最有分量的不是自己，而是自己的工作！

我还想问一句：如果你的生活中有类似格里高尔这样的人，你将怎样评价他？你会给他打多少分？说说你的理由。

生：我给他打满分。我觉得这个人太了不起了，完完全全的奉献，丝毫不讲求回报，我敬佩这样的人。

生：我只给他打60分，因为他太没有自我！一个不关心自己的人，其实是对家庭的最大的不负责！因为他是家庭中的支柱，他一旦倒下，他的家庭就完了。所以，他不关心自己就是不关心家庭。

生：我给他打90分。我认为他对家人的真诚和奉献非常值得我们敬重，所以我总体上肯定他。我扣他10分，看法和他（指上一个学生）差不多，但我认为没有那么严重，因为他不关心自己，我觉得也是当时的情形所逼，人有时确实是会忘记自我的。

师：是啊，这就是格里高尔。他心里始终装着别人，唯独没有他自己。格里高尔在遭遇巨大不幸时，他的注意力似乎并不在自己的不幸上，他始终牵挂的是自己的家人、自己的工作。

格里高尔如此关心家人，他的家人在他遭遇不幸后如何对待他呢？请大家快速浏览课文后两节，找出你感受最深的一点，谈谈自己的看法。

（学生翻阅课本，认真勾画，教师巡视，7分钟后，学生陆续发言。）

生：我感受最深的一点是父亲用苹果"轰炸"他，其中一颗苹果居然深深"陷进"格里高尔的后背，我觉得这位父亲简直太残酷。我觉得就是对一只小虫这样做都太过分了，何况是对自己儿子——一直深爱着家人的儿子！太没有人性了。

生：我感受最深的是父亲把他推进房内的一幕，"格里高尔当即血流如注"

几个字让我痛心!

生:妹妹从来不对哥哥说一句话,最后说的一句却是训斥哥哥。可是哥哥即使变成甲虫后却依然关心着妹妹。可以说,哥哥最牵挂的就是妹妹了,但妹妹最后却这样对待哥哥。我为此心里非常难受。

生:我感受最深的是:格里高尔死后,全家人都感到非常轻松愉快。我一直在想,这家人到底怎么了?当格里高尔好好的时候,大家都那么依赖他,一旦他没有价值甚至成为家庭负担时,大家就巴不得他赶快死去以免拖累自己。如果我生活在这种家庭,我真的觉得还不如死掉!

(教室非常寂静,大家似乎都受到这一番话的感染。)

师:那么,如果你是格里高尔的家人,你会怎样对待这只"虫形人性"的大甲虫呢?

生:我不会像他的妹妹一样,整天不和他说一句话。我想,他一定更需要安慰,更需要关怀。我会经常和他聊天,不管他能不能听得懂!

生:我不会像他父亲那样粗暴地对待他,毕竟他是自己的儿子。我一定会为他营造一个舒适的空间。

生:我绝不会在他受伤之后对他不闻不问,我会竭力为他疗伤,尽量减轻他的痛苦。

师:(追问)你不怕变成甲虫的格里高尔会吓跑家中的房客以致失去经济来源吗?

生:我绝不会为了金钱而放弃亲情!

师:(再问)你愿意常年与一只大甲虫生活在一起吗?

生:(毫不犹豫地)他毕竟是我的亲人呀!

师:(三问)当别人因为你的哥哥是一只甲虫而取笑你、疏远你时,你还会一如既往地照顾他吗?

生:为自己的亲人受这点委屈,我无怨无悔。况且,如果有人因为这件事而取笑我、疏远我,那么他就根本不值得我交往。

师:(四问)最后,如果你的一切关心和努力实际上都帮不了哥哥摆脱困境，你怎么办呢？

生：（斩钉截铁地）即使我的一切努力都没有效果，我也永不放弃！只要我尽心了，我就对得起自己的亲人！

（听课教师与全班同学一同鼓掌）

师：我为你的爱心而自豪，我为你的父母养育了你这样的好孩子而自豪，我为班级有你这样的同学而自豪！你的爱心是我们这堂课最大的收获！谢谢你。

（下课）

【专家点评】

向文本更深处探寻①

浙江宁波万里国际学校　袁湛江

有幸听了邓彤老师的一节公开课。邓老师选择的课文是卡夫卡的《变形记》。说实话，我是为邓老师和学生捏把汗的：一节课的时间要帮助学生解读一万多字的而且是与学生距离那么遥远的一篇作品，老师将如何把握？

邓彤老师这堂课并没有指向小说思想和艺术的核心，仅仅抓住卡夫卡的亲情意识指导学生不断地加深认识。卡夫卡的亲情意识，对这部作品而言，只是有价值的冰山之一角，但是，却异彩纷呈，听课专家（黄玉峰、程红兵等）无不赞赏有加。

我实在佩服邓老师的勇气。他在文本内部细细挖掘，然后精选其中一二处作深度关联分析，引导学生不断发现和挖掘有价值的问题。他完全没有借助任何学者的研究成果，没有引经据典，甚至连PPT课件也不曾运用。只是紧紧扣住小说文本，不断发掘文本内部资源。他甚至略去了文中所有的情节，只抓住已经变为甲壳虫的主人公格里高尔如何费力地开门这一细节，探究他的心理发

---

① 袁湛江.新课程中的问题意识与教师角色[J].教学月刊（中学版），2003（8A）.注：点评标题为引者所加。

展过程与环境对他构成的压迫,最终就让学生找到了一把解读的钥匙。

最后,邓老师在引导学生认真品读文本的基础上安排了一组精彩提问,真是步步紧逼,妙语连珠,当然学生的回答也很精彩,甚至赢得了听课教师热烈的掌声。但我认为首先还是邓老师对文本内容把握得好,开发学生思维的意识和能力很强,才会有如此举重若轻、出奇制胜的效果。表面上看起来很简单的几个问题,其实融汇了此前对文本的深度解读,同时调动了学生的生活积累和情感价值的审美追求,充分体现了邓老师对《变形记》这一文本本身解读的广度、深度与厚度。

二、跨文本比较

所谓跨文本比较指的是：阅读过程中，超出当下所读的文本，将这一文本与另一文本中相关的事物作为比较对象加以对比分析，简言之，就是在两部或多部"整本书"之间进行关联比较。

跨文本比较示例

跨文本比较是较高层级的整本书阅读，其阅读成果往往具有一定的深度、高度与厚度。不少学者的研究成果就是跨文本比较的产物。

例如，马瑞芳教授就曾经将《红楼梦》中的王熙凤与《西游记》中的孙悟空这两位看似风马牛不相及的文学形象作了一番"跨文本比较"。

凤姐跟孙悟空一样，都好大喜功、好戴高帽，都心高气傲、冒险好动，都聪慧好奇、善于谐谑。他们生命力极其强悍，创造力极其丰富，总想做点儿分外的、新奇的、好玩的事，都有一刻也不安宁的"猴性"……曹雪芹的奇妙就在于，他楞是能借鉴神魔幻想小说的男性人物，创造现实主义小说的女性人物。凤姐跟孙悟空血肉相连的渊源，从一般读者角度来看，他们都是风风火火、乐观开朗、风趣幽默、我行我素的人。从小说创作角度来看，孙猴儿和凤姐的性格基调甚至语言特点都极其相似：孙悟空是灵霄宝殿的齐天大圣，神魔界的踢天弄井者；王熙凤是大观园里的齐天大圣，闺阁界的踢天弄井者。孙悟空把神佛世界搅得昏天黑地，竖起杆"齐天大圣"旗帜；凤姐把男性世界搅得黑地昏天，竖起杆"管家凤奶奶"旗帜。孙悟空用定海神针金箍棒打遍天上地下，打出神猴的威风；凤姐用精神金箍棒打遍宁荣二府，打出"凤辣子"的威风。①

还有学者通过贾宝玉的"三个王号"——绛洞花王、混世魔王、遮天大王，而将贾宝玉与孙悟空进行跨文本比较研究，认为孙悟空与贾宝玉这一人物之间具有较大的相似度，透露出两部小说在艺术构思、美学精神和价值意向方面的微妙联系。

首先，二人出生相同，都是石头所化。孙悟空原本是石猴，贾宝玉出生时口里所含通灵玉，其实就是补天不成的顽石，而贾宝玉的前身神瑛侍者之"神瑛"和"通灵宝玉"（顽石）就是同一关系。

其次，贾宝玉的三个绰号与孙悟空有异曲同工之妙。"绛洞花王"相当于"美猴王"。《西游记》第一回中石猴跳进水帘洞，为众猴寻得一个洞天福地；《红楼梦》第二十三回贾宝玉和众姐妹搬进大观园居住，等于在女儿国中当上了"绛洞花王"——大观园就是贾宝玉的"洞天福地"。宝玉人称"混世魔王"，这一绰号隐喻了他在思想上逆反常规价值观念的精神历程。而孙悟空闹龙宫、闹幽冥、闹天宫这一系列反叛正统行为与之何其相似。孙悟空号称"齐天大圣"，不过是与玉帝平起平坐了，曹雪芹更进一层，给贾宝玉"遮天大王"这一隐喻性称号，将天压倒，当然比与天并列的"齐天大圣"具有更强烈的逆反意味。②

此外，还可以将《红楼梦》中小红这一人物与司汤达《红与黑》中于连的形象加以对比，将黛玉形象与简·爱形象加以对比，将贾雨村与曹操加以比较。

这样的跨越所读作品联系其他作品的比较型阅读，往往能够见人之所未见，能够深化我们对原作的认识。

---

① 马瑞芳.马瑞芳读红楼梦[M].上海：上海文艺出版社，2010.
② 梁归智.从孙悟空的"齐天大圣"到贾宝玉的"遮天大王"[J].南京师范大学文学院学报，2004（3）.

此外，还有一种更高层级的跨文本比较：跳出文本范围，将当下所读文本中特定事物与整个社会、人生乃至历史文化联系起来加以比较研究，以更广阔的视野审视所读著作，依据新的视角获得新的启示。

有作者专门撰写《红楼梦的职场人生》一书，对文学经典《红楼梦》作了另类解读。作者以金陵十二钗正册、副册、又副册中的 36 位佳丽为研究对象，从行政职场思维的独特视角，再现了鲜活的职业场景，表达出真实的职场感悟。例如，张志鹏就《红楼梦》中第五十六回"敏探春兴利除宿弊，识宝钗小惠全大体"的故事，联系职场管理艺术，进行了一次超文本关联式解读，得出如下职场管理经验。

荣府中刚将年事忙过，凤姐儿因操劳太过，体弱不能理事，贾府三小姐贾探春受命于危难之际，从"革除重叠学费"到"变通脂粉采买"，从"开拓大观园财源"到"挥手震慑王嬷嬷"，刚柔并济，步步为营，积极、稳妥开展一项贾府经济改革。……对于任何一个团队或组织而言，"乱"无疑都是影响发展的最大消极因素。因此，位置越高的领导把"稳定"二字看得越重。探春理政与行权的可贵之处，恰是从节奏和力度上成功掌控了稳定：在推进节奏上，坚持"由内到外、由小到大、有序推进"；在力度掌控上，坚持"由轻到重、由缓到急、逐步深化"。可以预见，如果假以时日，贾府在探春的治理下一定可以取得系列战略性的预期成果，进而挽回颓废的危局，甚至实现一度的中兴。[①]

总之，通过关联比较，学生对文本的理解可以更加深入，既学习了文本分析的比较方法，也训练了学生的思维。语文新课标所提出的四大语文核心素养——语言建构与运用、思维发展与提升、审美鉴赏与创造、文化传承与理解——均能在整本书阅读关联性比较这一学习活动中得到充分的发展。

---

① 张志鹏. 红楼梦的职场人生 [M]. 南京：凤凰出版社，2010.

《老人与海》导读

整本书阅读教学，往往需要比较不同文本，通过对照不同文本，可以感受文字表达的差异，有助于加深学生对整本书的体验与理解。

这时，需要教师选择适切的对照文本。这些文本一般在内容上具有相关性，在表述上则有较大差异性，可以形成鲜明的对比。例如，阐释类文本与叙事类文本的比较、纪实类文本与虚构类文本的比较、小说情节与影视剧情的比较、作品初稿与定稿比较、翻译作品不同译文之间的比较……

上述关联，均属于跨文本比较。

我在指导学生开展《老人与海》整本书阅读过程中，就尝试运用了"跨文本比较"的方式引导学生，取得了较好的教学效果。

这一教学的主体结构就是运用两类文本加以关联比较。

文本之一：一则简短的通讯稿，这是海明威小说《老人与海》的雏形。

文本之二：《老人与海》小说全文。

学生在比较中，深入体会到海明威究竟是如何将一个简单的故事梗概发展为一部伟大作品的。通过跨文本比较研读，教师与学生深入挖掘了《老人与海》一书中的心理描写、象征手法、硬汉精神，成果颇丰，收获满满。

请看如下导读课例。

《老人与海》教学实录

师：整本书阅读系列活动开始一段时间了，这一阶段我们要一起读海明威的小说《老人与海》。这是一部中篇小说。这部小说是1951年发表的，1954年就获得了诺贝尔文学奖，此后好评如潮。

我们看两个评价，一个是当年给他颁奖的瑞典文学院士霍尔斯陶穆的评价：海明威精通现代叙事艺术，《老人与海》是一部异常有力、无比简洁的作品，具有一种无可抗拒的美。这是评委对这部小说的高度评价。

还有一个是叶兆言的评价。这个人有人知道吗？有没有同学知道？你们需要了解下,他是个江苏作家,他爷爷你们肯定知道。(学生插话:叶圣陶)对啊,是叶圣陶。叶圣陶是我们语文教师的祖师爷,对不对啊?叶兆言是个作家,作为一个作家,他怎么评价《老人与海》呢?他说:"一个海明威教给我的东西抵得上大学老师教给我的学问。"这不是说可以不上大学,只读海明威,但至少说明海明威对很多人产生了巨大影响。

面对这样一部好评如潮的小说,我希望同学们能读出一点滋味来。

这部小说很有传奇色彩。小说中的故事早在1937年就出现在海明威写的一则通讯报道中。海明威给美国《乡绅》杂志写了一篇名为"海湾来信"的报道。事情很简单:

一个老人独身在海边打鱼,他钓到一条马林鱼,这条鱼拽着鱼丝拖到很远的海上,老人跟着它一天一夜,又一天又一夜,最后鱼浮起在海面上,老人驾船过去绑住它。鲨鱼游过来袭击这条鱼,老人一人在小船上对付鲨鱼,用浆打戳刺,累得他筋疲力尽,鲨鱼却把能吃到的鱼肉统统吃掉。两天以后,渔民在朝东60里的地方找到了那条船,发现马林鱼的头和上半身绑在船边上,剩下的鱼肉不到一半,还有800磅重,这位老人正在船上哭,损失了鱼他快气疯了。鲨鱼还在船的周围打转。

这故事在海明威的心里酝酿了一二十年,最后终于写出了《老人与海》这部小说。

讲到这里,我想问大家:这么一篇简单的通讯,海明威是怎样把它写成一部著名的小说的?他到底增加了一些什么东西?

大家来看通讯中的一句话——"鲨鱼游过来袭击这条鱼。"小说用了许多文字来写这句话。我们看看小说是怎么写的。哪位同学把课文前两段读一读?(指一位同学)请你来读。

生:"鲨鱼的出现不是偶然的。当一大股暗黑色的血沉在一英里深的海里然后又散开的时候,它就从下面水深的地方窜上来。它游得那么快,什么也不放在眼里，一冲出蓝色的水面就浮现在太阳光下。然后它又钻进水里去，嗅出了踪迹，开始顺着船和鱼所走的航线游来。"

"有时候它也迷失了臭迹。（师：这个臭字念xiù）但它很快就嗅出来，或者嗅出一点儿影子，于是它就紧紧地顺着这条航线游。这是一条巨大的鲭鲨，生来就游得跟海里速度最快的鱼一般快。它周身的一切都美，只除了上下颚。它的脊背像剑鱼一样蓝，肚子是银白色的，皮是光滑的，漂亮的。它生得跟旗鱼一样，不同的是它那巨大的两颚，游得快的时候它的两颚是紧闭起来的。它在水面下游，高耸的脊鳍像刀子似的一动也不动地插在水里。在它紧闭的双嘴唇里，它的八排牙齿全部向内倾斜着。跟寻常大多数鲨鱼不同，它的牙齿不是角锥形的，它们像爪子一样缩在一起的时候，形状就如同人的手指头。那些牙齿几乎跟老头儿的手指头一般长，……身子那么强健，战斗的武器那么好，以至于没有别的任何的敌手。现在，当它嗅出了新的臭迹的时候，它就加快游起来，它的蓝色的脊鳍划开了水面。"

师：很好，请坐。你看这么长的两段文字，实际就说了一句话，是哪几个字啊？

生：（小声回答）鲨鱼游过来。

师：是啊。仅仅五个字的内容，作者却用了两段文字把鲨鱼游过来的情形描述出来了。我就想问一句：从这两段文字中你看出什么了？你觉得这是条什么样的鲨鱼啊？（让刚才读课文的学生回答）

生：是一条很凶猛的鲨鱼，攻击性很强，嗅觉灵敏，速度很快，对自己发现的猎物紧紧跟随，不肯放弃。

师：那这条鲨鱼肯定是鲨鱼的代表人物，应该说是"鱼"物，是吧？它把鲨鱼的很多优点都集中起来了。这条鲨鱼还有其他特点吗？

生：很漂亮。

师：哪些地方让你觉得很漂亮啊？

生：它的脊背像剑鱼一样蓝，肚子是银白色的，皮是光滑的，漂亮的。

师：很漂亮！看来这条鲨鱼是内外兼修，外表美，内里很强悍。还有哪些感受？

生：我觉得这条鲨鱼还很贪婪。

师：何以见得呢？

生：第二段写道这种鱼天生要吃掉海里一切的鱼。

师：怎么看得出是贪婪的呢？

生：吃一切的鱼，它是称王的鱼。

师：鲨鱼处于食物链最顶层，肯定是吃掉一切鱼的。后面的文字不知你是否看了，其实你们看到后面就会发现，还有其他的鲨鱼比它贪婪多了，不知道同学们感觉如何，我觉得这条鱼身上贪婪的成分不是很明显。

生：这条鲨鱼很凶猛。

师：哪里体现出来的？

生：像剑鱼一样，两颚是紧闭的，有高耸的脊，牙齿很锋利，跟老头儿的手指一样长，是鲨鱼中的战斗鱼。

师：所以这种鱼天生要吃一切的鱼。看了这么多文字你是否感觉到："鲨鱼游过来"这五个字，只是简单地叙述了一件事，但在海明威天才的笔下，却把这条鲨鱼很传神地刻画出来了——这么敏捷，游得这么快；又是这么强悍，这么优美，这么漂亮！此外，还有一点同学们没有注意到，我读这段的时候写了一个批语——"高贵"，不知道你们读出来没有。我觉得这条鲨鱼的形态举止非常高贵，你看它不慌不忙，游得那么快，双唇紧紧闭着，非常从容地追寻着猎物。这是非常大气的一条鱼。这样的一条鱼，当它袭击猎物时是怎么做的呢？而它被杀死时又有怎样的表现呢？大家看课文第40页，这段再请同学读一下。

生："鲨鱼在海里翻滚过来。老头儿看见它的眼珠已经没有生气了，但是它又翻滚了一下，滚得自己给绳子缠了两道。老头儿知道它是死定了，鲨鱼却不肯承认。接着，它肚皮朝上，尾巴猛烈地扑打着水面，两颚格崩格崩地响，像一只快艇一样在水面上破浪而去。海水给它的尾巴扑打得白浪滔天，绳一拉紧，它的身子四分之三都脱出了水面，那绳不住地抖动，然后突然断了。老头儿望着鲨鱼在水面上静静地躺了一会儿，后来它就慢慢地沉了下去。"

师：好好看看这段文字，那条鲨鱼的进攻与死亡，作者写得是何等的惊心动魄。我们先来品品，鲨鱼是怎么袭击的？

生：鲨鱼飞快地逼近；牙齿咬得嘎吱嘎吱地响，还有那又粗大又尖长的蓝色的头、两只大眼睛和那咬得格崩格崩的、伸得长长的、吞噬一切的两颚。

师：这几句你看出了什么？

生：比较凶猛，有点残忍。如果拍个镜头的话，就是一特写镜头。那种惊奇的眼睛，在咬的一瞬间睁得的非常大，眼珠子要凸出来了，牙齿咬得嘎吱嘎吱地响。的确是把凶猛劲儿凸显出来了。

师：这是鲨鱼给人印象最深的一刻。现在我们来看看当老人把鱼叉死的时候是怎么样的？这一段写鲨鱼之死，你们看这条鲨鱼是怎么死的。

生：死得比较纠结。

师：怎么个纠结法？

生：如果把它比喻为人的话，就如同越厉害的人，越不肯死得窝囊。所以，临死前总是有一番剧烈挣扎的。

生：悲壮。

生：我的感觉是再强大的对手还是会失败的，前面讲了鲨鱼自身的武器有多么多么好，但是最终还没有逃脱死亡的命运。

师：好的，同学们从整体上都有了点感觉，但这还不够，我们还要对文中一些词语好好琢磨琢磨，品味品味。请看"鲨鱼在海里翻滚过来"一句，我不知道同学们有没有注意到"翻滚"两个字。什么叫翻滚呢？为什么一条鱼要翻滚呢？

生：因为遭受了致命的一击，翻滚过来的鱼，已经到了垂死挣扎的地步，已经没有生气了。

师：是啊，接近死亡的鱼，还能把绳子缠了两圈，可见其强悍！后来写鲨鱼肚子朝上，肚皮朝上的鱼处于怎样的状态呢？

生：快死掉了。

师：快死掉的鱼此时是一副什么模样呢？

生："尾巴猛烈地扑打着水面"，很坚强啊！"像一只快艇一样在水面上破浪而去"，临死速度还这么快！

师：鲨鱼尾巴拍打海水的效果如何？"白浪滔天"，同学们在头脑中将文字转化成画面，你看眼前这种情景，然后"绳一拉紧，它的身子四分之三都脱出了水面"，这说明鱼的力量非常强大，对吗？这是一条已经要死的鱼呀！最后这条鱼的生命彻底结束了，但是，它还是"在水面上静静地躺了一会儿，后来它就慢慢地沉了下去"，这个动作有很强的画面感。这样的死亡很震撼人心。打个比方，你们觉得这条鲨鱼之死和哪一位古人的死亡很相似？

生：很像项羽，是英雄之死。这条鲨鱼死得像条汉子。

师：海明威除了写这条鲨鱼外，还写了其他鲨鱼，请同学们快速浏览文章，看看其他鲨鱼和这条鲨鱼有没有相同的地方。

（学生阅读课文后，教师请学生自由发言。）

生："是吃腐烂东西的，又是凶残嗜杀的。饥饿的时候，它们会去咬桨或者船舵"。可见后来的两条鲨鱼以吃腐烂的食物为食，很不高贵，但和前面的那条鲨鱼是一样的凶猛。

生：很丑陋。

师：哪里看出丑陋？

生："它们的阔大的、扁平的铲尖儿似的头，以及那带白尖儿的宽宽的胸鳍。这是两条气味难闻的讨厌的鲨鱼……"我们刚才称之为贵族的鲨鱼是"蓝色的鳍"。蓝色给人的感觉比较高贵，白色就显得比较轻浮。

师：很好，会搭配衣服的同学可能对色彩比较敏感，会感觉到色彩在体现性格上具有很重要的作用。还有吗？"褐色的三角形的鳍"给你什么样的感觉？（学生插话：褐色给人脏的感觉。）那尾巴"摆来摆去"给人什么感觉呢？

生：（笑）没有气质。有气质的鱼应该像第一条那样高贵、矜持。第一条鱼在游动的时候，鳍像刀一样一动不动，很稳地在游动。而这条摆来摆去的鱼，实在太不稳重了，太沉不住气了。

生：第一条鱼也曾经"迷失了臭迹"，但是它依然从容不迫地盯着这条猎物。而这两条鲨鱼却显得太兴奋，"它们嗅出了臭迹以后就兴奋起来，因为饿得发呆了，它们在兴奋中一会儿迷失了臭迹，一会儿又找到了臭迹"。

师：一闻到食物的气味就兴奋起来，像哪一种人呀？像见钱眼开，小人得志，是吧？大人物通常比较镇定，小人得意就容易忘形。现在我们看这两条鲨鱼的袭击行为又是什么样的状态？我把这段话读一下，大家体会一下。

"它们来了。但是它们没有像鲭鲨那样直接游来。一条鲨鱼转了一个身，就钻到船底下看不见的地方，它把那条死鱼一拉一扯，老头儿感觉到船在晃动。另一条鲨鱼用它裂缝似的黄眼睛望着老头儿，然后飞快地游到船跟前，张着半圆形的大嘴朝死鱼身上被咬过的部分咬去。"

大家看看这条鲨鱼的进攻方式和第一条鲨鱼的进攻方式一样吗？

生：（小声说）不一样。

师：怎么进攻的？

生：方式比较阴狠。

师：阴狠，很独特的感觉。（读课文语句）"它们来了。但是……"你注意到这个"但是"了吗？它们没有像鲭鲨那样游来，鲭鲨是怎么游来的？

生：鲭鲨是飞快的，直截了当地游来的。这条鱼给人感觉是偷偷摸摸的。"一条鲨鱼转了一个身，就钻到船底下看不见的地方，它把那条死鱼一拉一扯，老头儿感觉到船在晃动。"

师：偷偷摸摸的，比较阴险。还有一句很有意思，"另一条鲨鱼用它裂缝似的黄眼睛望着老头儿"。

生：我觉得这条鱼不凶狠，不像前面那条鲨鱼眼睛瞪得很大，很吓人的样子。

师："用它裂缝似的黄眼睛望着老头儿"这句话，你怎么看？

生：实际上看老头是一种偷袭，一边吃一边看，有种鬼鬼祟祟、偷偷摸摸的感觉，有点猥琐。这条鲨鱼给人感觉不大气。第一条鲨鱼就比较高贵，有王者之气。

师：是啊。这样的鱼进攻显得"猥琐"，死也死得难看。对吧？看看它是怎么死的？

生：临死之前还要吞一口，再沉下去。人有性格，鱼也有性格。

师：说得真好！我们再看另外一条了不起的大鱼的死亡。这是小说前面提到的大马林鱼之死，课文没有节选。老师把它投影到幻灯上大家一起看看。然后说说这条大鱼之死给你什么样的感觉？

（这条马林鱼）大而且美，比老人的渔船还长两尺，风度优雅，仪态万分，在水层潜游时是一抹巨大的黑影，跃出海面时，银光闪闪，它牵引着自己的追捕者在茫茫的大海上急剧而又从容地挺进，将身后的波光浪影染成一片暗红。

生：这也是一条高贵的鱼，它受了伤，快要死掉了。但看了这段文字却给人一种悲壮、高贵的感觉。最后一句"在茫茫大海中急剧又从容地挺进，将身后的波光浪影染成一片暗红"，说明这条鱼还在流着血，一条浑身受伤的鱼，流着血，拖着一条船往深海游去，马上就死了却是如此从容不迫。所过之处都是血，把大海染成暗红，这幅画面令人惊心动魄。这条鱼真是一个英雄！

师：把鲭鲨、犁头鲨、马林鱼这三种鱼放在一起比较，我们会对海洋中的"鱼物"产生一个很鲜明的感受。但是，小说真正的主角却是一个"人物"，这也是个高贵、优雅的对手。下面我们来看看老人。前面提到的通讯中也有这样一句话："老人一人在小船上对付鲨鱼"。我们看看老人如何对付鲨鱼。（指一生读）

生："鲨鱼的头伸在水面上，它的脊背也正在露出来，老头儿用鱼叉攮到鲨鱼头上的时候，他听得见那条大鱼身上皮开肉绽的声音。他攮进的地方，是两只眼睛之间的那条线和从鼻子一直往上伸的那条线交叉的一点。事实上并没有这两条线。有的只是那又粗大又尖长的蓝色的头、两只大眼睛和那咬得格崩崩的、伸得长长的、吞噬一切的两颚。但那儿正是脑子的所在，老头儿就朝那一个地方扎进去了。他鼓起全身的力气，用他染了血的手把一杆锋利无比的鱼叉扎了进去。他向它扎去的时候并没有抱着什么希望，但他抱着无比的决心和十足的恶意。"

师：这段一方面写鲨鱼的凶猛，另一方面写出老人的无所畏惧，哪些地方可以看出？

生：鼓起全身的力气，做最后一搏。

师：还有呢？"老头儿用鱼叉攮到鲨鱼头上的时候，他听得见那条大鱼身上皮开肉绽的声音"。他为什么要把声音凸显出来？说明这个老人怎么样？

生：下手狠。

师：恩，下手快准狠。下面一段为什么要用这么多文字写鲨鱼那条不存在的线，你们读的时候注意到了吗？

生：很有经验。交叉点是脑子所在的地方，是要害之地。事实上没有那两条线。渔夫完全凭经验看出来的。又准，又狠，经验又丰富。多厉害的渔夫！最后看看"鼓起全身的气力，用他染了血的手把一杆锋利无比的鱼叉扎了进去"，抱有坚决的意志和狠毒无比的心肠。鲨鱼猛，老人比鲨鱼更猛。

师：当老人把鲨鱼杀死后，故事还没有结束。此后作者还写了老人大段大段的心里独白。同学们仔细读读，然后把感兴趣的地方画线，写出你们的感受，等会一起交流。

（学生阅读后发言）

生：我对九、十两段文字特别有感受。"他想：但是我已经把那条咬我的鱼的鲨鱼给扎死啦。我从来没看过这么大的'Dentuso'。谁晓得，大鱼我可也看过不少呢。""他想：能够撑下去就太好啦。这要是一场梦多好，但愿我没有钓到这条鱼，独自躺在床上的报纸上面。"老人自己感觉到自己出海十分凶险。

师：他用了这个词——"自己感觉"出海凶险。

生：老人钓到的马林鱼是从来没有见过的大鱼，打败的鲨鱼也是没有见过的鲨鱼。一生中有一次经历已经很不易了，但是他却两者都有。

师：那你的评点是什么呢？

生：老人出海的经历凶险又惊险，像在做梦一样。这一段把老人的心里独白写了出来，经历过这样的事情，有种人在梦中的感觉。

生：40页倒数第五行。"想点开心的事吧，老家伙。"他说，"一分钟一分钟过去，离家越来越近了。丢掉了40磅鱼肉，船走起来更轻快些"。这表现出老人乐观的精神，有点自嘲的感觉，虽然鱼肉掉了40磅，但是安慰自己可以很快到家。

师：丢了鱼之后一方面乐观，一方面自嘲是老家伙，有点豁达的感觉。这段心理描写看出了老头儿的特点。

生：还有这一句——"他想：你倒很乐意把那条鲨鱼给弄死。可是它跟你一样靠着吃活鱼过日子。它不是一个吃腐烂东西的动物，也不像有些鲨鱼似的，只知道游来游去满足食欲。它是美丽的，崇高的，什么也不害怕。"鲨鱼和他一样为了维持生计才去吃鱼，而且鲨鱼是崇高的，美丽的，不吃腐烂的东西。老人心里不安，感到自己犯罪了。老人很无奈。

师：从某种角度上说，老人和鲭鲨是一样的，老人自己也这么认为。"它跟你一样靠着吃活鱼过日子"，老人和马林鱼搏斗，鲨鱼为了生存和老人搏斗。鲨鱼按照规则进行搏斗，意欲得到对手的尊重。

生：40页。"他想：不过这条鱼给我弄死了，我倒是过意不去。现在倒霉的时刻就要来到，我连鱼叉也给丢啦。"他过意不去是因为"这个东西，既残忍，又能干，既强壮，又聪明。可我比它更聪明"。他们之间是很相似的，他们按规则竞争，最后只有一个活下来。同样的生命却为了食物而互相伤害，所以不安。

生：赞赏这条大鲨鱼。同时也激励自己"可我比它更聪明"，最后又是自嘲"我只是比它多个武器"。利用自嘲的方式，使心情放松、缓和。

生："可是一个人并不是生来要给打败的，"他说，"你尽可把他消灭掉，可就是打不败他。"就是说你可以把鲨鱼杀死，但是那种顽强拼搏的精神是无法消灭的。

师：这句话很好，我建议大家把它画出来。实际上很多人读了《老人与海》，对这句话印象深刻。"你可以消灭一个人却不能打败一个人"，你可以打败他却不能征服他。这样的内心独白很多，同学们根据自己的阅读经验来谈谈海明威讲了老人与鲨鱼搏斗后，为什么有这么多内心独白？

生：我觉得这些独白能够体现老头儿的性格，他很坚强、勇敢，有丰富的经验，对人生的感悟深刻。

师：这些感悟如果不用内心独白来写，从动作中看得出来吗？

生：看不出来。

师：所以一个人的外在动作信息量不是很多，而内心独白对一个人的刻画就更深刻、更丰富。单纯的动作行为难以深入表现丰富的性格，于是作者设法进入人物的内心，用近似透明的心理独白、心理描写揭示人物内心和性格特征。我们读书时像这样的心理独白和心理描写，千万不能跳过去，不然会损失很多内容。类似的内心活动在小说中很多，大家以后可以慢慢读。

故事就是这样，鲨鱼游过来，老人独自和鲨鱼搏斗。很简单的故事，但作者却写得如此引人入胜。接下来我们要进入最后一个环节——寓意。作者为什么要写这么一个故事？一个渔夫捕鱼的故事为什么能够感动读者？不就是一个渔夫打了一条鱼，最后一无所获，拖了一条鱼骨回去了吗？那么这个故事好在哪儿？

生：我觉得这个渔夫的经历是一个悲剧，花了那么大的力气捕了一条大鱼，最后却被那么多鲨鱼吃了，白捕了。人世间有多少类似的历尽艰辛却一无所获的事情啊！

生：我觉得如果没有捕到马林鱼就不会发生这么多事。生活中有时候突然的成功、突然的幸运会给我们带来一系列的改变。

生：这个故事讲的是渔夫捕鱼，实际上反映的是人生。

师：她这种想法很有道理。海明威说："我试图描写一个真正的老人，一条真正的鱼和许多真正的鲨鱼……如果我能写得足够逼真的话，他们也能代表许多的事物。"很多人读《老人与海》，一方面是觉得故事写得好，写得逼真；

另一方面把这个故事当作象征性的事物来读。就像这个同学所言，故事虽然写渔夫捕鱼，实际却写整个人生。比如说《老人与海》中老人与大马林鱼之间的战斗象征的不只是一个普通渔夫与一条鱼之间的战斗，有人说象征着人类社会两个英雄之间的较量。虽然大马林鱼输了，但是人们并不觉得大马林鱼窝囊，相反很佩服它。因此，如果说在这部小说中，大海象征着人生舞台，那么这座舞台上活跃着什么角色，上演着什么样的故事，蕴含着什么样的寓意呢？同学们是否可以说一说？

生：上演着英雄与英雄较量的故事。

生：大海是人生舞台，活跃着很多人，老人是其中的胜出者。

师：老人赢了吗？

生：没有输赢，他比较悲剧，因为有很多竞争者——鲨鱼，为了各自的生计，不断和他竞争。

师：老人没有赢，你为什么佩服他呢？

生：我佩服他的坚持不懈。其实完全可以把大马林鱼丢掉。但是他一直坚持到最后，虽然最后什么都没有了，但这种态度令人敬佩。

生：我们每一个人都会遇到竞争者，其实竞争者也分两种，一种是卑鄙的小人，还有一种就是高贵的斗士，他们不玩阴谋，只愿正面搏斗。但是，我们无法挑选对手，所以，我们要学会和君子竞争，也要学会和小人竞争。这样才会立于不败之地。

师：还有吗？

生：每个人都曾经怀揣梦想，很多人最终可能一无所获，但这依然值得珍惜，因为这毕竟是一种经历。所以，老人捕到大马林鱼最后又失去，绝不意味着他一无所获。他实际上收获了许多。

师：这个学生解读得真好，和一位学者的解读几乎一模一样。看来确实读出了味道。（PPT 显示）

大海象征变化无常的人类社会；大马林鱼象征人生的理想；鲨鱼象征人类

无法摆脱的悲剧命运；圣地亚哥象征勇于与强大势力搏斗的"硬汉"；渔夫捕鱼的不幸遭遇象征人类的追求，在途中总是有厄运干扰你，破坏你，最后虽然你没有成功，但是没有白过。就像人一辈子躺在床上虽然也没捕到鱼，一个人在海上闯荡也没捕到鱼，但是人生毕竟不一样了。

是不是呀？所以人活着的意义到底是什么？是不是看你一生中能不能把那条鱼拖回来？让我们思考一下：人生是不是要以成败来论英雄？

还有人讲这部小说反映了人类的悲剧。

老人象征人类；大海象征变幻莫测的命运和不可知的世界；马林鱼代表我们的欲望；鲨鱼象征对人类欲望的惩罚。老人早已经认为自己错了，从遇见鲨鱼的那一刻起，他就已经开始后悔。他的欲望触犯了底线，于是遭到了鲨鱼的报复。从那时起他就开始承认自己失败了。而后来与鲨鱼的搏斗只是为了将错就错，以便保持一点最后的尊严。但是失败却是明显的事实。

这是不同人的不同解读。其实对这部小说的解读很多，并没有固定答案，一部经典的小说是没有统一答案的，你把你的人生体验加进去，就会生发出很多启示，这时候你的人生经验和文中的人生经验合在一起，于是你的人生丰富起来，虽然你没有亲身经历过这件事，但你体验到这种意义了。这就是我们读名著的意义。

【专家点评】

整本书导读：从片段走向整本书

华东师范大学教授、博导　倪文锦

邓彤老师的《老人与海》课例是为参加"国培计划"（2011）高中语文班学员上的研究课。

从邓彤老师教学过程中可以发现，他显然注意到了节选与全文的区别，没有过多地讲解海明威这个人和他的《老人与海》，他让学生更多关注节选的部分，并没有讲海明威这个人，也没有讲海明威小说中的硬汉精神，更没有在文学理论上（比如：冰山理论、内心独白）做文章，但是，最后却又有效引导学生走向了整本书阅读，这是如何做到的呢？

培养学生的阅读能力，实际上是要做下面两件事情：

（1）指导学生能抱着正确的目的，合适地看待特定的文本。

（2）指导学生能在文本的重要地方，看出所传达的意思和意味来。这也可以作为本文教学中的两个落脚点。

邓老师在课堂中是这样落实的：

（1）根据自己阅读时的感受、自己长期教学中实践性知识的积累，判断学生对动态的故事叙述比较感兴趣，而对静态的描绘不太感兴趣、不太注意，他着力引导学生关注这些，这个点解决得很到位。

（2）文章中很重要的一点是老人的内心活动，占了将近一半的篇幅，这些内心活动学生理解起来并不困难，只是不会往深处想，不会把它们汇总起来，邓老师恰如其分地引导学生进入了老人的内心。

（3）作者对人、对鱼的精致描写的背后，究竟想表达什么，也就是说这篇小说最重要的一点就是它的象征意义。

从整个课例来看，邓老师的教学目标是通过节选文字，让学生走向《老人与海》整本书，让学生知道海明威的书应该怎么读。他把这节课定位于《老人与海》的导读课，是想给学生介绍一种阅读海明威小说的方法，以便学生能用这种方法读《老人与海》，进而去阅读海明威的其他作品。从课堂中学生的反应来看，邓老师基本实现了他的教学目标。

我执教《老人与海》整本书导读时，采用的方法主要是跨文本比较。首先，在总体教学框架上，用海明威早年的一则新闻报道作为比较对象，引导学生与《老人与海》全书作比较，体会小说中所增加的丰富内容及其蕴含的情味。这种对比鲜明的跨文本比较可以激发学生浓厚的兴趣，并引导学生借助简短比较对象的帮助不断走入整本书的深处。

其次，在局部教学中，也大量使用跨文本比较手法。例如，在讨论小说主旨及表现手法时，教师就引进了一些学者的相关研究成果作为比联对象的印证或加深启迪学生对作品的理解。

最后，跨文本比较与文本内关联并用，教学效果往往可以倍增。例如，在赏析几种鲨鱼的文段时，教师就将书中各种鲨鱼及尊贵的大马林鱼的有关文段并列呈现，让学生对比分析。

总之，关联比较是整本书阅读教学的核心技术，善用之则教学效益倍增。

参考文献

1. 陈兴才. 思辨读写,走出整本书阅读困境的最佳途径[J]. 中学语文教学参考(高中版),2017(13).
2. 陈烜祥. 中小学语文"整本书"阅读教学研究[D]. 扬州大学,2016.
3. 程翔. 从"整本书阅读"的学科定位谈起[J]. 中学语文教学,2017(1).
4. 曹勇军. 我们欠学生真正的阅读课[N]. 中国教育报,2016-10-24.
5. 董健. 指向整本书阅读的节选类文本教学尝试[J]. 语文建设,2017(6).
6. 房福建. 基于"整本书阅读与研讨"学习任务群下的选修课程探索——以浙江省《〈论语〉选读》选修课程为例[J]. 语文月刊,2017(6).
7. 方果. 让单一文本成为撬动整本书阅读的支点——以《最后一头战象》的教学为例[J]. 教学月刊(小学版),2017(6).
8. 高子阳. 整本书阅读教学实验及其推进——谈谈我的主张与求索[J]. 教育研究与评论(小学教育教学),2015(3).
9. 管然荣,陈金华. 整本书阅读教学的"冷"思考[J]. 语文建设,2017(10).
10. 胡春梅. 外国文学名著整本书阅读策略探析[J]. 语文建设,2016(25).
11. 胡元华,何捷."整本书阅读"课程建构的设想[J]. 教学研究,2016(11).
12. 蒋文华. 整本书阅读教学策略探究[J]. 教学月刊(中学版),2017(1—2).
13. 金中. 开展整本书阅读活动的经验、问题与建议[J]. 教学月刊(中学版),2017(1—2).
14. 李怀源. 叶圣陶"读整本书"思想研究[D]. 首都师范大学,2009.
15. 李静. 小学整本书阅读教学设计与应用——以贺兰山农牧场小学为例[D].

宁夏大学，2013.

16. 李卫东. 混合式学习：整本书阅读的策略选择 [J]. 语文建设，2016（25）.

17. 李煜晖. 略谈整本书阅读课程方案的设计 [J]. 中学语文教学，2017（2）.

18. 马臻. 新诗的"整本书阅读"教学尝试——以台湾诗人周梦蝶的《刹那》为例 [J]. 语文教学通讯（高中版），2017（10）.

19. 梅琴，严涛. 基于阅读App的整本书阅读 [J]. 教学月刊（中学版），2017（6）.

20. 莫欢丹. "以写促读，读写结合"在整本书阅读策略中的应用 [J]. 课外语文，2017（5）.

21. 彭玉华. 整本书阅读设计理念和操作策略——以冯友兰《中国哲学简史》为例 [J]. 语文教学通讯（高中版），2017（3）.

22. 单小芳. 整本书阅读与节选文本教学关系探微——以《林黛玉进贾府》为例 [J]. 语文学习，2017（6）.

23. 王彤彦. 整本书阅读教学设计策略 [J]. 中学语文教学，2017（2）.

24. 王召强. 中学生如何整本读经典 [M]. 上海：上海文艺出版社，2019.

25. 王召强. 青春泥沼的成功突围：整本读《挪威的森林》[M]. 上海：上海文艺出版社，2019.

26. 王召强. 无法承受的存在之轻：整本读《不能承受的生命之轻》[M]. 上海：上海文艺出版社，2019.

27. 王召强. 反乌托邦极权的寓言：整本读《一九八四》[M]. 上海：上海文艺出版社，2019.

28. 王召强. 扑朔迷离的真相与人性：整本读《竹林中》[M]. 上海：上海文艺出版社，2019.

29. 王召强. 底层社会的家国记忆：整本读《活着》[M]. 上海：上海文艺出版社，2019.

30. 吴欣歆. 语文课程视野下的整本书阅读 [J]. 课程·教材·教法，2017（5）.

31. 吴凤云. 关于整本书阅读教学的经验总结 [J]. 中学语文教学参考（高中

版），2017（1—2）.

32. 徐鹏 . 整本书阅读：内涵、价值与挑战 [J]. 中学语文教学，2017（1）.

33. 徐小兵，倪峰 . 走进操作层面的"整本书阅读"[J]. 语文教学通讯（高中版），2016（25）.

34. 杨爽 ."整本书阅读"的理论与实践 [J]. 文学教育，2017（6）.

35. 杨伟民，郑月明 . 共读：整本书阅读的有效路径——以《水浒传》的阅读为例 [J]. 教学月刊（中学版），2017（1—2）.

36. 杨赢 .《悲惨世界》整本书阅读教学安排 [J]. 语文教学通讯（高中版），2017（10）.

37. 余党绪，叶开 . 为什么我们都主张"整本书阅读"？[J]. 语文教学通讯（高中版），2016（7—8）.

38. 余党绪 ."整本书阅读"之思辨读写策略 [J]. 语文学习，2016（7）.

39. 余党绪 . 整本书阅读：读经典、学思辨、练读写——《鲁滨逊漂流记》"思辨读写"实践 [J]. 语文学习，2017（6）.

40. 余党绪 . 一人，一岛，28 年，何以可能？——《鲁滨逊漂流记》"整本书阅读"教学课例 [J]. 中学语文教学参考（高中版），2017（16）.

41. 张晋 . 在"平凡的世界"中真实地阅读——整本书阅读活动教学尝试 [J]. 语文月刊，2017（6）.

42. 张萍 . 以多样化策略推进整本书阅读——以《三国演义》为例 [J]. 教学月刊（小学版），2017（3）.

43. 张媛 . 和学生共读"整本书"：流程设计与策略使用 [J]. 语文教学通讯（初中版），2016（6）.

44. 赵岩 . 基于专题学习的整本书阅读活动设计——以七年级《西游记》阅读教学为例 [J]. 中国教师，2017（7）.

45. 赵博 . 任务驱动下的整本书阅读——《边城》自读教学设计 [J]. 中学语文教学，2016（11）.

46. 郑飞艺 ."整本书阅读交流"：特点与教学策略 [J]. 语文学习，2011（5）.

47. 郑桂华. 整本书阅读：应为和可为 [J]. 语文学习，2016（7）.

48. 朱海丰. 整本书阅读离不开"整体意识"——以《红楼梦》片段赏析为例 [J]. 教学月刊（中学版），2017（1—2）.

后　记

我的语文教学生涯，肇始于《红楼梦》整本书阅读。

一

1991年，我为高三学生讲解《林黛玉进贾府》，兴致所至，生发开去介绍了一番"绛珠仙草、神瑛侍者，荣宁二府、太虚幻境"，不料引起了学生极大的兴趣，课后仍有学生不断询问。于是我索性为学生开了一个"红学"讲座，偌大的阶梯教室挤满了学生。学生兴趣进一步高涨，强烈要求继续讲下去，结果这一讲就是整整一周。（现在想来当时委实是在逞"初生牛犊"之勇，而那时的领导似乎对教师的教学方式也并不干涉。所以，我的小小的"冒险"没有带来任何非议。）这是即将面临高考的学生啊！在高兴感动之余，我不免反思：我的课堂教学何曾引起过学生这样浓厚的兴趣？我该怎样满足学生如此强烈的需求呢？我能否为学生开设"导读课"，引导学生更加深入地走进《红楼梦》呢？

一周之后，学生们仍意犹未尽，他们自己还办了一份"红学"墙报，以后几次作文也总是能够透露些"红学"消息。我这才意识到：原来学生对古典名著竟有如此兴趣！

我于是反思：为什么学生对我的课堂教学并不那么欢迎呢？我发现，有时是由于课文本身没有意思，更多时候则是有意思的课让我给上得没有意思了。这次的成功，乃是由于我将自己阅读《红楼梦》的长期积累浓缩在一周之内展示给了学生，自然使学生觉得收获颇丰。

这一次经历触发了我进一步深读《红楼梦》的念头。于是，我利用一个暑假将《红楼梦》原著通读了四遍，在一本岳麓书社出版的普及本《红楼梦》上密密麻麻地写下许多读书心得,又从《红楼梦学刊》编辑部邮购了自发刊号直至当年15年间近60本杂志认真通读。之后又研读了几本"红学"专著:王国维的《红楼梦评论》、俞平伯的《红楼梦辨》、一粟的《红楼梦资料汇编》、郭豫适的《红楼研究小史稿》、孙逊的《红楼梦脂评初探》。我还四处搜集与"红学"有关的图书乃至器物。为进一步理解"红学",又读了几部"红学史",还非常认真地读完几本小说理论。

随着阅读的深入,我的底气越来越足,我准备带领自己的学生一同走进《红楼梦》这部巨著了。

我决定尝试开设"名著导读"选修课,试图用一年的时间让学生认认真真精读一本经典著作。

二

后来,我连续十年为四届学生开设了"《红楼梦》导读"课,每周一课时,连续一年,与自己的学生一道读"红楼",品"红楼",评"红楼",使学生扎扎实实地拥有一次亲近名著的机会。这一尝试,得到了学生的热烈欢迎。许多学生毕业多年后,依然对此念念不忘。

读书,是会发酵的。我相信我的学生必将受益于他们早年这一段纯粹的精神之旅!而我,作为教师,收获的却更多更多。

正如日月光芒能够向外不断辐射出"晕轮",《红楼梦》也在我的专业发展方面为我提供了巨大的帮助。

两轮"红学"导读教学之后,我忽然觉得自己的小说教学最受学生欢迎,我的小说教学也最为得心应手。

1997年,我参加省级教坛新星比赛,抽到的课题是小说《明湖居听书》,我的设计和教学说课得到了当时作为评委的全国著名特级教师、点拨教学鼻祖蔡澄清先生的高度评价,最后获得全省首届教坛新秀文科组第一名。

1998年,我参加"语文报杯"教学大赛,很巧的是这次比赛抽到的课题又是小说——《守财奴》,这堂课上得也很理想,最终获得了高中组全国一等奖。

后来,我的《红楼梦》系列论文开始成批发表。2004年,我的《〈红楼梦〉导读》专著得以出版。时任中国教育学会中学语文教学专业委员会理事长的顾之川先生还热情洋溢地为之撰写了序言。

这是《红楼梦》整本书阅读教学带给我的丰厚回报！

三

自从语文新课标公布以来，整本书阅读已然成为热词。新研究与实践层出不穷，这是很好的现象。作为 20 年前尝试整本书阅读教学的语文教师在此形势下能为当下语文教学做点什么呢？

早在 2004 年，我已经将自己指导学生阅读《红楼梦》的讲稿加以整理，出版了《〈红楼梦〉导读》一书。如今，15 年弹指一挥间，"整本书阅读"已成语文教学的热点。华东师范大学出版社北京分社编辑项恩炜先生认为此书至今依然有其价值，遂建议我作一番修改后重新出版。我深以为然，遂利用一个寒假，从"整本书阅读"教学操作角度对原书作了一番修改。撰稿期间，项恩炜先生从全书体例、表述方式等方面均提出极好的建议。在写作过程中，在大量阅读同行研究成果的过程中，新的体会与旧的经验不断碰撞，我不断调整书中材料与观点，最终几乎另起炉灶，写出了一部完全不同于昔日之书的新作。审读编辑万丽丽女士为本书付出甚多，耐心细致、不厌其烦，终使书稿得以顺利付梓。在此一并致谢。

关于整本书阅读的学理阐释，论者颇多。本书无意从理论上阐释整本书阅读的意义与价值，只是将自己指导学生阅读《红楼梦》全书的过程、方法与内容和盘托出，加以提炼、概括，形成了整本书阅读教学的六项核心技能。如果此书能够对语文教师开展整本书阅读教学有所启发，那将是我最大的快乐。

当年顾之川先生曾在诸多场合介绍我的名著导读经验，并热情为拙著《〈红楼梦〉导读》撰写序言，其奖掖之情令人感佩；如今又专门为这本书作序。在此致谢尊敬的顾之川先生。

2019 年 3 月 8 日